I0751871

LES

DEMOISELLES

DE

MAGASIN

PAR

CH. PAUL DE KOCK

auteur de :

Une Femme à trois Visages, Monsieur Cherami, Monsieur Choublanc, la Mare d'Auteuil, Cerisette, Une Gaillarde, etc.

(ENTIÈREMENT INÉDIT.)

« Le plaisir de l'amour est d'aimer, et l'on est plus heureux par la passion que l'on a, que par celle que l'on donne. »

Maximes de LA ROCHEFOUCAULD.

III

PARIS

L. DE POTTER, LIBRAIRE-ÉDITEUR

RUE FONTAINE-MOLIÈRE, 27

LES

DEMOISELLES DE MAGASIN

Y2

AVIS AUX PERSONNES QUI VEULENT MONTER UN CABINET DE LECTURE.

BIBLIOTHÈQUE

DES

MEILLEURS ROMANS MODERNES

2,100 vol. environ, format in-8°. — Prix : 2,500 fr.

Cette collection contient les NOUVEAUTÉS de nos auteurs les plus en vogue publiées jusqu'à ce jour par la maison, lesquelles sont accompagnées d'affiches à gravures et autres.

Les Libraires qui feront cette acquisition recevront **GRATIS** *cent exemplaires du Catalogue* complet et détaillé, *avec une couverture imprimée à leur nom* pour être distribués à leurs abonnés.

La Maison traite de gré à gré pour un nombre moins considérable de volumes à des conditions très-avantageuses.

Le prix de chaque ouvrage, pris séparément, est de *cinq francs* net le volume.

Grandes facilités de payement moyennant les renseignements d'usage. Le Catalogue se distribue gratis aux personnes qui en feront la demande par lettres affranchies.

Wassy. — Imprimerie de Mougin-Dallemagne.

LES

DEMOISELLES

DE

MAGASIN

PAR

CH. PAUL DE KOCK

auteur de :

Une Femme à trois Visages, Monsieur Cherami, Monsieur Choublanc, la Mare d'Auteuil, Cerisette, Une Gaillarde, etc.

(ENTIÈREMENT INÉDIT.)

« Le plaisir de l'amour est d'aimer, et l'on est plus heureux par la passion que l'on a, que par celle que l'on donne. »
Maximes de LA ROCHEFOUCAULD.

III

72.63.

PARIS

L. DE POTTER, LIBRAIRE-ÉDITEUR

RUE FONTAINE-MOLIÈRE, 27

Droits de traduction et de reproduction réservés.

45070

1863

LES

CHEVALIERS DE L'AS DE PIQUE

PAR

ALBERT BLANQUET

Auteur des *Amours de d'Artagnan*, la *Belle Féronnière*, le *Parc aux Cerfs*, les *Enfants du Curé*, le *Roi d'Italie*, la *Giralda de Séville*, etc., etc.

Ce Roman est un chapitre saisissant de la vie parisienne : les détails les plus curieux, les révélations les plus piquantes sur une vaste association criminelle, une action émouvante, des scènes mystérieuses et terribles, toujours prises sur nature ; une donnée des plus originales, des caractères nouveaux, des types variés, étranges ; — des situations comiques, un intérêt soutenu, de la réalité ; — les fureurs du jeu, les horribles douleurs qui font, souvent, de toute femme qui a failli une martyre de nos lois et de nos préjugés ; les hardiesses du voleur, les bas calculs du faussaire et de l'empoisonneur, les épouvantes de l'adultère ; — le choc de ces passions et de ces vices a fourni à l'auteur les principaux éléments de ce drame qui est une histoire véritable. — et dont l'auteur a été le témoin oculaire. M. Albert Blanquet l'a racontée avec la verve et le talent que ses œuvres précédentes ont fait apprécier du public.

LES TROIS HOMMES NOIRS

PAR

LUC-CHARDALL

Le consciencieux moraliste, l'observateur profond, le conteur plein d'humour et de grâce qui, sous le voile assez transparent de Luc-Chardall, a enrichi la librairie moderne de ce tableau si vrai des mœurs champêtres appelé la *Ferme aux Loups*, a voulu prouver que, dans un genre diamétralement opposé, ses puissantes facultés d'observation, de conception et de style ne lui feraient pas défaut.

Il a plus que réussi.

Le nouveau roman les *Trois Hommes Noirs* que nous publions aujourd'hui est une grande étude historique des premiers événements qui ont ensanglanté le commencement du siècle. A chaque pas le drame s'y mêle au comique, le rire cotoie les larmes et se confond parfois avec elles. Mais ce qui domine tout dans cette nouvelle œuvre de Luc-Chardall, au milieu de la combinaison hardie des scènes tour à tour gaies et terribles qui composent, c'est la peinture, vraie, fidèle, vigoureuse d'une des plus imposantes physionomies de notre histoire au début du premier empire.

Nous n'hésitons pas à prédire au roman les *Trois Hommes Noirs* un succès qui fera date dans l'histoire littéraire de notre temps.

Wassy. — Imprimerie de MOUGIN-DALLEMAGNE.

CHAPITRE QUINZIÈME

XV

Où l'amour se glisse.

Deux jours après cette aventure, Marie se sentant en effet plus souffrante ne descendait plus à son magasin que sur les onze heures.

Mais chez elle, au lieu de lire pour se distraire, elle achevait presque toujours différents ouvrages pressés pour la lingère. Et ce qu'elle faisait était si soigné, si parfaitement cousu, que la plupart des pratiques exigeaient que leurs commandes fussent terminées par elle.

Il n'est que dix heures et Marie seule dans la chambre qui a trois locataires est en train de perler un délicieux peignoir du matin, enrichi de dentelles, lorsque deux petits coups sont frappés à la porte.

» — Entrez! dit Marie, la clé est après la » porte.

On entre en effet. C'est Edouard Roger, le jeune dessinateur qui pénètre dans la chambre. En reconnaissant celui qu'elle sait maintenant être l'amant de Thélénie, Marie sent sa poitrine se gonfler, une vive rougeur vient pour un moment remplacer la pâleur habituelle de son visage ; mais elle s'efforce de cacher son émotion, tandis que Roger lui dit :

» — Pardon... mille fois pardon, made-
» moiselle... est-ce que vous êtes seule...

» — Mais, oui, monsieur... comme vous
» voyez...

» — Ah ! si je l'avais su, certainement je ne
» me serais pas permis de venir vous déranger.
» Mais Thélénie m'avait prié de la mener ce
» matin voir une exposition de tableaux...
» Je l'attendais à l'endroit qu'elle m'avait

» indiqué... ici en face... ne la voyant pas
» venir, je suis allé regarder dans son maga-
» sin, mais elle n'y est pas non plus, alors
» j'ai cru qu'elle était chez elle... Et voilà
» pourquoi je suis monté... Excusez-moi...

» — Il n'est pas nécessaire de vous excu-
» ser, monsieur, Thélénie occupe cette cham-
» bre avec moi... Vous avez donc le droit d'y
» venir pour lui parler. Mais je suis fâchée que
» vous ayez pris une peine inutile puisqu'elle
» n'est pas ici.

» — Je ne la regrette pas, mademoiselle,
» puisque cela m'aura procuré le plaisir de
» vous voir.

» — Oh ! ce plaisir-là ne vaut pas que
» l'on monte si haut !

» — Vous ne pensez pas ce que vous dites,
» mademoiselle...

» — Pardonnez-moi, monsieur, car je
» dis toujours ce que je pense.

Roger regarde un moment la jeune fille, qui baisse les yeux sur son ouvrage, puis il se rapproche d'elle, en balbutiant :

» — Si je savais que Thélénie revint bien-
» tôt... je l'attendrais... mais j'avoue que je
» n'aime pas à attendre dans la rue...

» — Si vous pensez qu'elle va revenir ici,
» rien ne vous empêche de l'y attendre, mon-
» sieur...

» — Mais cela ne vous gênera-t-il pas,
» mademoiselle ?...

» — Pourquoi voulez-vous que cela me » gêne ?... vous ne m'empêcherez pas de con- » tinuer à travailler...

» — Oh ! assurément... Alors, puisque » vous me le permettez...

Et Roger va prendre une chaise et s'assied à quelques pas de Marie, qui tient plus que jamais les yeux baissés sur son ouvrage, mais ne peut pas empêcher son sein de se soulever plus fréquemment.

Le jeune artiste considère quelques instants Marie, et plus il l'examine, plus il semble y trouver de l'attrait.

Marie aurait voulu rompre un silence qui lui causait un embarras dont elle ne pouvait se rendre compte : mais elle ne savait que dire, et attendait toujours que Roger parlât. Enfin celui-ci lui dit :

» — Mademoiselle, vous allez me trouver
» bien curieux... mais, par quel hasard vous,
» qui êtes ordinairement de si bonne heure

» chez votre lingère, vous trouvez-vous si
» tard dans votre chambre... Oh ! ma question
» est peut-être indiscrète ?...

» — Mon Dieu ! monsieur, il m'est bien
» facile de satisfaire votre curiosité. Je ne
» suis pas encore descendue parce que depuis
» quelque temps je suis un peu souffrante...
» et ma maîtresse, qui est très-bonne pour
» moi, exige que je prenne un peu de repos,
» que je me lève plus tard... c'est ce qui fait
» que vous me trouvez encore ici...

» — Où vous travaillez au lieu de vous » reposer !...

» — L'oisiveté est pour moi un supplice, » et puis je sais que ceci est pressé.

» — Si votre lingère est bonne pour vous, » cela prouve mademoiselle qu'elle est fort » contente de vous posséder dans son ma- » gasin... cela fait votre éloge... et en effet, » je vous ai entendu citer plusieurs fois » comme un modèle à suivre.

» — Moi, monsieur... je fais de mon

» mieux l'ouvrage qu'on me confie... c'est un » devoir, cela...

» — Oh ! mais je m'entends... en disant » qu'on vous cite pour modèle, je ne veux » pas parler seulement de votre travail, » mais encore de votre sagesse... Vous n'a- » vez pas les goûts de beaucoup de ces de- » moiselles... Vous ne fréquentez pas les » bals, les promenades... vous n'aimez pas » la danse, les restaurants... Enfin vous n'ac- » ceptez aucune partie de plaisir...

» — Si ce n'est pas dans mes goûts, où
» est le mérite ?

» — Vous voulez dissimuler le vôtre...
» décidément vous imitez en tout la violette,
» qui se cache, mais qui est trahie par son
» doux parfum...

Marie se sent trembler et pour la première fois son aiguille ne pique pas où il faut. Tout à coup Roger s'écrie :

« Mon Dieu ! vous me dites que vous êtes
» malade et je ne vous demande pas seule-

» ment ce que vous avez ! Vous devez me » trouver bien impoli ?...

» — Oh ! monsieur, je ne suis pas bien » malade... un peu de fatigue peut-être... » cela se passera vite.

» — Ah ! dame, mademoiselle, un ancien » philosophe a dit : *Il faut être sage avec so-* » *briété !* Ce qui signifie qu'il ne faut pas non » plus se priver de tous les plaisirs ! Le tra- » vail trop assidu échauffe le sang, fatigue » la poitrine, surtout chez les femmes qui

» généralement sont obligées de se courber,
» de se pencher sur leur ouvrage... est-ce à
» la poitrine que vous avez mal ?

» — Je vous assure que je n'ai mal nulle
» part.. J'éprouvais seulement une faiblesse,
» un malaise général... mais cela va déjà
» mieux...

» — Je dois vous croire puisque vous me
» l'assurez... mais si vous étiez d'ailleurs ré-
» ellement malade, je pense bien que vos
» parents vous feraient venir près d'eux et

» ne confieraient point à d'autres le soin de » votre santé.

Marie pousse un profond soupir, en balbutiant :

» — Je n'ai plus de parents, monsieur, et » personne ne s'intéresse à moi... excepté » cette dame chez qui je travaille...

» — Quoi... si jeune... et privée de famille !... mais par quelle suite de malheurs ?...

Roger s'arrête, il comprend que ses questions peuvent être déplacées et qu'il y a de ces choses que l'on n'aime pas révéler ; il se dit que cette jeune fille, dont les traits sont si gracieux, les yeux si doux, le maintien si modeste, peut être un de ces pauvres enfants de l'amour, abandonnés dès leur naissance à la charité publique, et qui toute leur vie ignorent quels ont été les auteurs de leur destinée. Mais il regarde Marie avec plus d'intérêt encore, il ne peut se lasser de la contempler et ne dit plus rien.

Au bout de quelques moments de silence, Marie murmure :

» — Thélénie ne revient pas... cela doit » vous contrarier...

» — Ah ! je n'y pensais plus, répond Ro» ger, » et il dit ces mots avec tant de franchise que Marie ne peut s'empêcher de lever les yeux sur lui, tandis qu'une expression de plaisir vient éclaircir son front. Ne voulant pas laisser paraître ce qu'elle éprouve, elle feint de n'avoir pas entendu l'exclamation du jeune homme et reprend :

» — On est quelquefois retenu quand on » va porter des commandes chez les prati- » ques... Est-ce que votre atelier est loin » d'ici, monsieur ?...

» — Mais oui, pas mal...

» — Vous allez apprendre le dessin à Thé- » lénie...

» — Moi !... par exemple ! je n'y ai ja- » mais pensé ! Qui est-ce qui a dit cela ?

» — Mais... c'est elle.

» — Ah ! c'est une tête folle... elle veut
» tout faire, mais au bout de deux heures
» elle jetterait les crayons de côté...

» — Mais vous devez faire son por-
» trait...

» — Son portrait ? ah ! oui, je l'ai même
» déjà commencé, mais je ne puis pas obte-
» nir qu'elle pose un quart d'heure tranquil-
» lement ! Elle a une fort belle tête, que je
» tiens à avoir dans mon atelier et que je

» placerai quelque jour dans une grande com-
» position...

» — Et puis enfin, on doit être heureux
» de posséder le portrait de la personne que
» l'on aime...

Roger ne répond rien, il baisse le nez en faisant une drôle de figure ; enfin il s'écrie :

» — Je serais bien heureux, mademoi-
» selle, si vous vouliez me permettre de faire
» le vôtre...

Marie devient rouge comme une cerise, car cette demande de l'artiste semblait être une réponse à ce qu'elle venait de dire, elle balbutie :

» — Mon portrait... à moi... monsieur...
» mais à quoi donc cela pourrait-il vous ser-
» vir?...

» — A posséder votre image... ce serait
» déjà un grand bonheur...

» — Mais je n'ai pas une tête comparable
» à celle de Thélénie... je ne pourrais pas

» comme elle figurer avec avantage dans un
» tableau ?...

» — Si vous me permettiez de faire votre
» portrait, je le garderais pour moi... pour
» moi seul, et bien que votre charmante figure
» puisse se placer partout et faire l'ornement
» de toute composition, je ne me permettrais
» pas de la reproduire pour d'autres, je se-
» rais trop fier de la posséder seul.

Ces paroles étaient presque une déclaration d'amour, et la manière dont Roger venait de les prononcer, n'était pas faite pour en diminuer la valeur. Marie est toute troublée, elle balbutie :

» — Oh ! non monsieur, je ne dois pas
» vous permettre de faire mon portrait ; car
» cela pourrait contrarier Thélénie... et je
» serais désoléé de lui faire de la peine.

» — Du moment que vous ne voulez pas, » dit Roger d'un ton piqué, « je ne dois plus
» insister. Allons, je vois que Thélénie ne

» revient pas... je vais m'en retourner dans
» ma rue de Navarin.

» — Vous demeurez rue de Navarin ? » s'écrie vivement Marie.

» — Oui mademoiselle, rue de Navarin
» numéro 19...

» — Dix-neuf?...

» — Est-ce que vous connaissez du monde
» dans ma maison ?

» — Moi... non monsieur, mais je crois
» que c'est là que loge une dame qui un jour

» a fait beaucoup d'emplettes chez ma lin-
» gère...

» — Savez-vous le nom de cette dame ?

» — C'était... madame de Beauvert.

» — Madame de Beauvert ! mais en effet
» elle est ma voisine, c'est-à-dire qu'elle ha-
» bite au premier, tandis que moi, je suis à
» peu près dans les mansardes... et pourtant
» je ne changerais pas ma position contre
» celle de cette dame... car si elle est renom-
» mée pour sa mise, son élégance, si elle

» possède un tel appartement, magnifique-
» ment meublé, à ce qu'on dit... car je ne
» l'ai pas vu, en revanche, lorsqu'on sait
» comment elle a tout cela, on ne peut pas
» avoir pour elle la plus petite considération,
» mais je présume que vous savez ce que c'est
» que cette dame ?

Marie a baissé la tête sur son ouvrage et balbutie :

» — Moi... mais.. non, monsieur... je ne
» sais pas...

» — Eh bien, mademoiselle, madame de
» Beauvert est une femme entretenue, mais
» de la pire espèce, ruinant sans pudeur les
» pauvres niais qui tombent dans ses filets,
» affichant un luxe insolent, voulant par ses
» toilettes éclipser toutes ses rivales, elle a
» déjà réduit à la misère, au désespoir, plu-
» sieurs jeunes gens assez fous pour lui avoir
» sacrifié leur fortune, leur avenir et quelque-
» fois leur honneur... car, lorsque ces
» femmes-là veulent une parure, un cache-

» mire d'un grand prix, elles disent à leur
» esclave : il me le faut ! sans s'inquiéter des
» moyens que celui-ci emploiera pour satis-
» faire les envies de sa maîtresse ; ne con-
» naissant pour seul Dieu que l'or, du mo-
» ment qu'on ne peut plus procurer à cette
» dame tous les plaisirs, toutes les jouis-
» sances, elle vous congédie, elle vous ferme
» sa porte sans pitié, sans remords... au
» contraire, elle se moque alors de ses vic-
» times, et au lieu d'avoir au moins une

» bonne parole pour celui qui s'est ruiné
» pour elle, elle lui rit au nez, en lui di-
» sant : Ah ! mon cher, que vous avez l'air
» pleutre maintenant ! voilà qu'elle est madame
» de Beauvert. Du reste, il n'y a pas long-
» temps que j'ai su sa biographie ; mais comme
» cette dame voulait que j'allasse chez elle,
» j'ai désiré savoir ce qu'elle était, bien que
» je m'en doutasse à peu près, mais dans
» les femmes entretenues, il y a des nuances,
» celle-ci n'a pas même, dit-on, l'esprit de

» s'amasser de la fortune pour l'époque où
» sa beauté n'aura plus de puissance, elle
» fait encore des dettes tout en ruinant les
» autres... mais si quelque jour elle est
» dans la misère, je ne lui conseille pas de
» venir frapper à ma porte, car je n'ai nulle
» pitié pour les malheurs de ces dames qui
» ont dévoré huit ou dix fortunes. Ne trou-
» vez-vous pas que j'ai raison, mademoi-
» selle ?...

Marie tenait toujours sa tête baissée, elle murmure :

» — Monsieur, je ne puis pas juger la » conduite de cette dame... mais peut-être » l'a-t-on calomniée... peut-être est-elle » moins.. coupable que vous ne le pensez.

» — Calomniée! mais on ne calomnie » pas ces femmes-là ! plus on leur attribue » d'amants ruinés, spoliés, *dégommés* enfin, » car c'est le mot, plus elles en sont fières ; » le scandale ! c'est leur gloire à elles, c'est » leur réclame, leur puff !... et en effet cela » leur réussit ! la preuve c'est que madame

» de Beauvert a la vogue, c'est à qui obtien-
» dra la faveur de se ruiner pour elle... En
» ce moment c'est un certain Bernouillet, un
» entrepreneur, qui est dit-on le tenant, et
» comme on assure qu'il a des millions, on
» tâchera de le garder longtemps.

» — Et madame de Beauvert avait désiré
» vous recevoir chez elle! » dit Marie.

» — Oui, cela était venu à l'occasion
» d'une perruche qui s'était envolée de chez
» ma voisine et était venue se percher sur mon

» balcon, alors cette dame me fit dire par sa » camériste que je serais bienvenu en lui » rapportant moi-même son oiseau chéri...

» — Et vous ne vous êtes pas rendu à » cette invitation ?...

» — Ma foi non... cela ne m'a pas tenté, » et puis je suis un drôle de corps, je n'aime » pas ce qui s'offre à moi... je ne prétends » pas dire que cette dame voulait me comp- » ter au nombre de ses conquêtes... à quoi

» bon! un dessinateur... et qui loge au quatrième...

» — Cependant elle voulait que vous allassiez chez elle ?...

» — Un caprice... une lubie... cette dame s'ennuyait probablement alors, et désirait quelque distraction... Ah! ce ne sont pas ces connaissances-là que je recherche... ou plutôt je n'en cherche plus... A quoi bon s'attacher à quelqu'un pour être en-

» suite trompé... trahi!.... convénez que cela
» n'en vaut pas la peine...

Marie était toute émue : Roger lui parlait déjà avec cet abandon que l'on a près d'une personne que l'on connaît depuis bien du temps, et il lui semblait à elle qu'il était son ami depuis longtemps aussi. Quand on se plaît l'un à l'autre, on se sent tout de suite si bien ensemble qu'on n'a pas besoin de se le dire, les yeux se l'expriment mutuellement.

» — Pourquoi donc pensez-vous que l'on
» doit toujours être trahi par la personne que
» l'on aime ? » dit Marie, « il me semble
» à moi qu'il n'y a de bonheur que dans un
» amour vrai... Est-ce que l'on peut trahir
» quand on aime bien ?

» — Vous avez raison, mademoiselle, on
» ne doit pas trahir quand on aime bien...
» apparemment qu'on ne m'a jamais bien
» aimé alors !...

» — Mon Dieu ! soupçonneriez-vous déjà
» Thélénie ?...

» — Thélénie !... la belle Andalouse !... » je vous assure que je ne pensais pas à elle » en disant cela... Oh ! celle-là, je lui per» mets de me trahir... de me tromper... cela » ne m'affligera pas du tout... je m'y at» tends, je pourrais même dire que j'y » compte.

» — Vous y comptez !... mais vous ne » l'aimez donc pas alors...

» — Je rends justice à sa beauté, à ses » charmes, à la gaieté, à la vivacité de son

» esprit... mais avoir pour elle véritablement
» de l'amour... Convenez, mademoiselle,
» qu'il serait bien malheureux celui qui comp-
» terait sur sa fidélité!... La constance n'est
» pas dans sa nature... il lui serait aussi im-
» possible de ne point changer, qu'au chat de
» ne pas voler!... Mais vous devez la con-
» naître encore mieux que moi...

Avant que Marie ait eu le temps de répondre, la porte s'ouvre et la belle brune entre brusquement. En apercevant Roger elle s'écrie :

« — Eh bien, vous êtes gentil, vous, on » attend monsieur dans la rue, on croque le » marmot, on se fait du mauvais sang ! et mon» sieur est tranquillement assis... qui cause » avec mademoiselle !.. vous vous étiez donc » promis de me faire poser?

» — Non, ma chère amie, d'abord il n'est » pas dans mes goûts de faire poser per» sonne... je laisse cela aux Sibille Peloton » et autres. Je me suis trouvé à l'heure juste » au rendez-vous que vous m'aviez donné,

» je vous ai attendue dix minutes, ne vous » voyant pas je suis venu regarder aux car- » reaux de votre magasin, ne vous y voyant » pas davantage, je suis monté ici croyant » vous y trouver... il me semble que tout » cela est fort simple...

» — Oui, mais puisque je n'étais pas ici, » pourquoi y êtes-vous resté ?

» — Pour vous y attendre. Vous voyez » que j'ai bien fait puisque vous voilà...

» — Et il y a longtemps que vous m'at-
» tendez ?

» — Je ne sais... le temps ne m'a pas
» paru long... mademoiselle Marie avait la
» bonté de causer avec moi. »

Thélénie se mord les lèvres et fronce ses noirs sourcils, en murmurant :

« — Ah ! oui... elle flâne maintenant...
» elle fait la malade... afin de pouvoir aller
» se promener avec son amant quand cela
» lui plaît, c'est pas bête. »

Marie relève fièrement la tête, en s'écriant :

« — Thélénie, c'est mal ce que vous dites-
» là! vous savez bien que je n'ai aucune
» connaissance et que je ne sors avec per-
» sonne!

» — Vraiment! dis-nous donc cela! fais
» donc encore ta vestale... mais cela ne peux
» plus prendre, ma petite. Je viens de causer
» avec Fanfinette, qui m'a conté qu'elle t'a-

» vait rencontrée il y a huit jours rue de la
» Pépinière, bras-dessus, bras-dessous, avec
» monsieur Lucien ! est-ce vrai ou non cela...
» Fanfinette a-t-elle menti ? »

Marie devient très-pâle et balbutie :

« — J'ai pu... par hasard dans la rue...
» être obligée d'accepter le bras de monsieur
» Lucien... mais qu'est-ce que cela
» prouve ?

» — Qu'est-ce que ça prouve! ah! elle » est bonne celle-là! Dis donc, Roger, elle » demande ce que ça prouve!.. elle nous » prend pour des bécasses, apparem- » ment. »

Roger ne répond rien. Lui aussi avait pâli, et quittant brusquement sa chaise, il va prendre son chapeau, puis s'écrie :

« — Quand vous voudrez venir, Thélénie, » je vous attends.

» — Me voilà, mon cher... mais je suis » fatigué d'avoir piétiné... nous prendrons » une voiture, n'est-ce pas, pour aller à cette » exposition.

» — Oui,.. oui... nous prendrons une » voiture... mais partons!

» — Dieu! est-il pressé maintenant, eh » bien, filons!.. »

Le jeune artiste emmène sa maîtresse; Marie a levé les yeux dans l'espoir de rencontrer ceux de Roger, mais celui-ci est parti, sans même avoir jeté un regard de son côté.

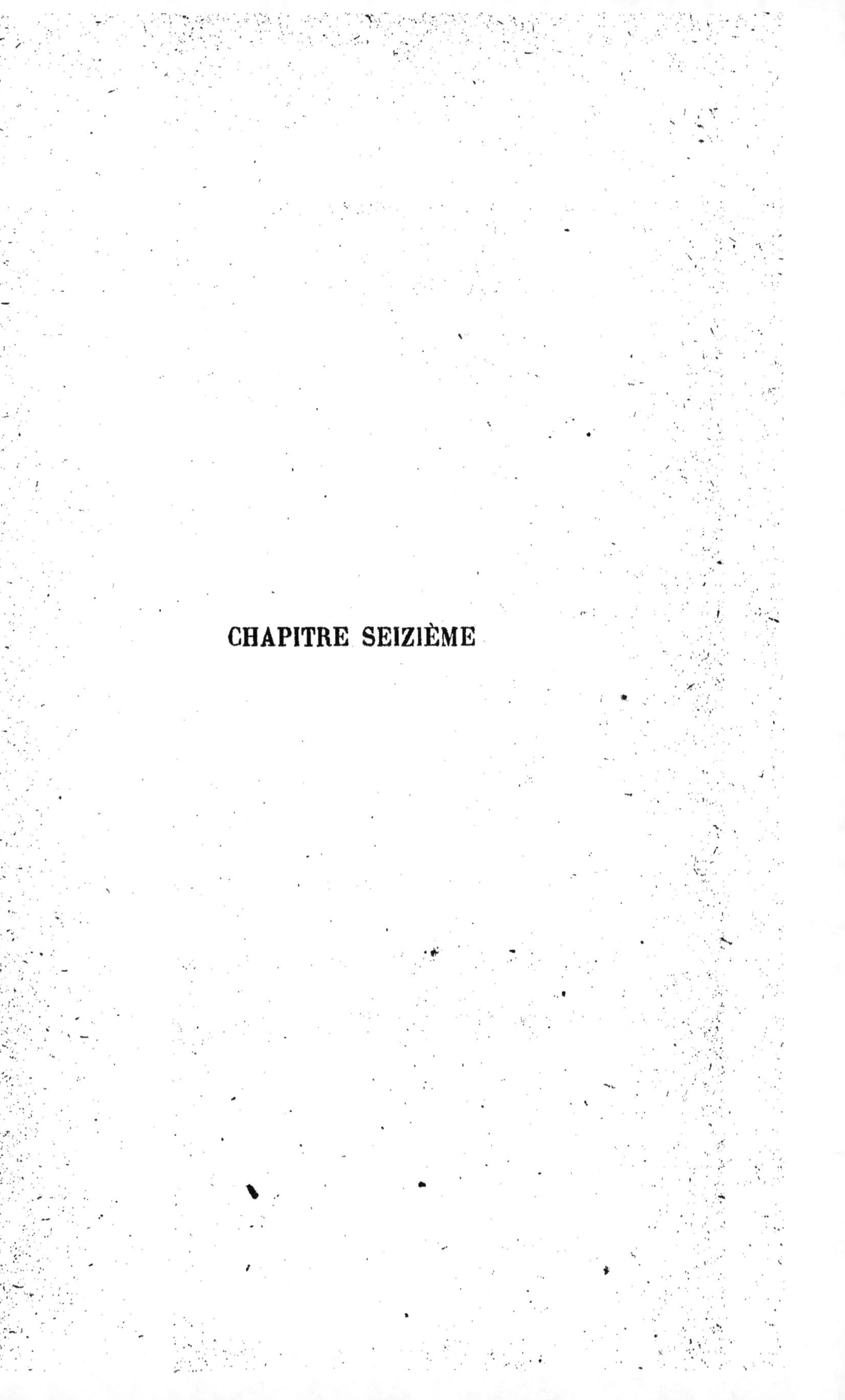

CHAPITRE SEIZIÈME

XVI

Madame monte.

On a dit : « *Désir de fille est un feu qui dévore!* » Mais je crois que le désir est tout aussi vif chez la femme que chez la jeune fille... il brûle toujours quand il s'est allumé dans un de ces cœurs qui ont l'habitude de tout soumettre à leur volonté, de ne rencontrer jamais d'obstacles pour satisfaire leurs caprices.

Or, vous savez que madame de Beauvert, cette femme à la mode, qui voit tous les hommes briguer un de ses sourires et envier le plaisir de se ruiner pour elle, avait été fort surprise, et même piquée en apprenant qu'un modeste dessinateur qui demeurait au cinquième étage n'avait pas profité de l'offre qu'on lui avait faite de rapporter lui-même la perruche chez sa belle voisine.

Certainement la conquête d'un artiste peu connu, ne devait pas tenter cette dame habituée aux hommages des sommités de la finance. Et si le jeune dessinateur avait cherché à faire agréer ses vœux à la belle courtisane, il est bien probable qu'il n'aurait pas été écouté. Mais les rôles étaient changée · on avait engagé l'artiste à venir, et c'était lui qui avait refusé de descendre au premier étage.

Et la belle Paola dit un matin à sa femme de chambre :

« — As-tu revu ce jeune homme du cin-
» quième chez lequel était ma perruche ?

» — Oui, madame, oh ! je le rencontre
» assez souvent dans l'escalier, en allant et
» venant.

» — Te parles-t-il ?

» — Je lui dis bonjour, il en fait autant,

» mais il a toujours l'air de rire en me re-
» gardant... je ne sais pas pourquoi !

» — Ah! il a l'air de rire, et tu dis qu'il
» est bien ce jeune homme ?

» — Oh ! oui, madame, très-bien... c'est
» un brun... il a de fameux yeux... l'air un
» peu sérieux, mais j'ai entendu dire à ma-
» dame que c'était plus distingué que ces
» figures qui rient toujours !..

» — Et la tournure ?

» — Charmante... il est plutôt grand que

» petit... ensuite il est toujours très-bien
» mis... aussi élégant que ces messieurs qui
» viennent chez madame!

« — Allons, il faut que je voie si vrai-
» ment ce monsieur mérite les éloges que tu
» fais de lui... donne-moi mes gants...

» — Madame sort?..

» — Je ne sors pas de la maison, je vais
» monter chez monsieur Roger... car il se
» nomme Roger, je crois, cet artiste?

« — Oui, madame, Edouard Roger...
» Quoi! madame lui fait l'honneur de monter chez lui!

» — Pourquoi pas? Je fais comme Mahomet : Je vais à la montagne qui ne veut pas venir à moi...

» — Mais madame oublie peut-être que monsieur Bernouillet doit venir ce matin prendre madame pour la mener à Enghien?

» — Non, je ne l'ai pas oublié! eh bien,

» si Bernouillet vient, tu le feras attendre...

» — S'il me demande où est allée
» madame ?

» — Tu lui diras tout ce qui te passera
» par la tête ! cela m'est bien égal ! ne crois-
» tu pas que je vais me gêner pour Bernouil-
» let ! Pauvre cher homme ! il sera toujours
» trop heureux que je veuille bien sortir
» avec lui.

» — Oh ! pour ça c'est vrai... quand

» monsieur Bernouillet regarde madame, on
» dirait toujours qu'il regarde la lune !

» — Comment la lune... qu'entends-tu
» par-là, Léontine ?

» — Madame, je dis la lune comme j'au-
» rais dit le soleil.

» — Tu dis que c'est au cinquième ce
» jeune homme ?

« — Oui, madame, la porte à votre
» gauche. »

Madame de Beauvert monte l'escalier, s'arrêtant de temps à autre pour reprendre haleine en disant :

« — Ah ! mon Dieu, comment peut-on
» demeurer si haut ! »

Et oubliant qu'elle-même a logé autrefois dans les mansardes. Mais avec la prospérité, il y a des gens qui oublient tout et qui ne veulent même plus croire qu'ils ont été pauvres et nécessiteux.

Enfin la belle dame a atteint le cinquième étage. Elle tourne le bouton d'une porte et pénètre dans l'atelier en disant :

» — Peut-on entrer? »

Roger était seul et travaillait. Habitué à voir venir chez lui des amis, des flâneurs ou des clients, il ne quittait jamais son ouvrage pour recevoir son monde et souvent ne levait les yeux qu'au bout de quelques instants et quand il n'avait pas reconnu la voix de la personne qui entrait dans son atelier. Madame de Beauvert a donc pu arriver au milieu de la pièce et regarder curieusement autour d'elle, avant que l'artiste ait levé la tête.

« — Ah ! mon Dieu ! que c'est drôle ici...
» c'est donc ça qu'on appelle un atelier...
» eh bien, franchement ce n'est pas beau ! »

Cette voix féminine et inconnue fait lever les yeux à Roger : Paola avait une charmante toilette du matin, sur sa tête elle ne portait qu'un léger bonnet de tulle, mais qui lui seyait parfaitement, elle était chaussée si artistement que l'on était émerveillé de la petitesse de son pied, de sa cambrure, de sa forme élégante; enfin c'était une fort jolie femme, on ne pouvait lui disputer ce titre. Seulement, elle le savait si bien, qu'elle était persuadée qu'aucun homme ne pouvait résister à l'un de ses regards.

Roger apercevant une dame, s'est levé et salue en disant :

« — Pardon, madame, mais je n'avais

» pas regardé qui entrait... puis-je savoir ce
» qui me procure l'avantage...

» — Vous ne me connaissez donc pas,
» monsieur ?

» — Non, madame...

» — Je suis votre voisine du premier...
» madame de Beauvert.

» — Veuillez prendre la peine de vous
» asseoir, madame.

» — M'asseoir... est-ce qu'on peut s'as-

» seoir ici... je ne vois pas un siége un peu » propre... »

Roger sourit en répondant d'un air railleur :

« — Il est certain, madame, que ce doit » être chez vous infiniment plus élégant » qu'ici... mais un artiste n'a pas les mêmes » moyens que madame pour se procurer ce » qui lui fait plaisir... Voici une chaise qui » certainement sera bien fière si vous daignez » vous poser dessus. »

Paola, qui avait plus de jargon que d'esprit, ne s'aperçoit pas que le jeune homme se moque d'elle, et se laisse aller sur la chaise en disant :

« — Mon Dieu ! ce n'est pas que je sois plus
» difficile qu'une autre !.. quand je vais à la
» campagne, j'entre quelquefois dans des
» chaumières de paysans... cela m'amuse !

» — C'est bien de la bonté de votre part !
» Mais pourrais-je savoir ce qui me procure
» l'avantage de recevoir madame ?

» — Ah! tiens, c'est vrai, je ne vous l'ai
» pas encore dit... mais d'abord je voudrais
» savoir pourquoi vous avez refusé de me
» rapporter vous-même ma perruche... quand
» ma femme de chambre vous l'a proposé?

» — Madame, il m'a semblé que j'aurais
» eu l'air d'aller quêter des remercîments...
» et vraiment je n'en méritais aucun, car
» votre oiseau est venu de lui-même se plan-
» ter sur ma fenêtre, ce n'est pas moi qui
» l'ai pris...

» — Oui, oui, oh! je sais bien que vous » n'avez pas pris mon oiseau! ».

Paola s'arrête et regarde assez longtemps Roger, il est probable que cet examen tourne à l'avantage de l'artiste, car elle lui fait un sourire fort gracieux et minaude bien gentiment, en lui disant :

« — Voyons, mon cher voisin... ne fai- » sons pas de manières !.. moi je n'aime pas » les détours... j'étais curieuse de vous con- » naître... vous n'avez pas voulu descendre,

» je me suis dit : Je vais monter... est-ce » que j'ai eu tort?

» — Nullement! je ne puis que vous re» mercier d'avoir daigné venir à mon » cinquième...

» — Je ne m'en repens pas... vous mé» ritez les éloges qu'on m'avait faits de » vous.

» — On vous a fait mon éloge! et qui » donc cela?

» — Léontine, ma femme de chambre...
» elle m'a dit que vous étiez fort joli
» garçon.

» — Je suis bien flatté d'être du goût de
» votre femme de chambre!

» — Ne plaisantez pas, c'est une fille qui
» s'y connaît!

» — Je pense bien qu'elle doit avoir beau-
» coup d'expérience.

» — Elle m'avait vanté votre tournure...
» votre air distingué...

» — De grâce, madame... est-ce que » vous êtes montée pour me faire des com- » pliments ?

» — Il faut bien que je vous en fasse » puisque vous ne m'en faites pas, vous !

» — Vous devez être tellement habituée à » en recevoir, que j'aurais crainte de vous » ennuyer en vous tenant ce langage !

» — C'est vrai, oui, il y a des gens dont » les compliments m'assomment... mais ils » m'entrent par une oreille et ressortent par

» l'autre. Vous n'êtes pas de ces gens-là, » vous !.. et puis, vous êtes artiste... vous » devez vous y connaître...

» — Vous avez trop bonne opinion de » moi !..

» — Qu'est-ce que vous dessiniez donc là ?

» — Ceci... c'est pour un journal...

» — Ah ! mon Dieu... sur quoi donc » faites-vous cela ?

» — Sur du bois...

» — Quelle drôle d'idée de faire des des- » sins sur des petits morceaux de bois.

» — Quand on veut que cela soit gravé, » il faut bien dessiner sur le bois, à moins » de le faire sur acier... mais cela reviendrait » trop cher pour les illustrations !

» — Ah ! c'est là ce qu'on appelle des » illustrations... est-ce que vous ne faites » pas de portraits?

» — Si, quelquefois... Tenez, en voilà un » que j'ai fait il y a peu de temps... dans ce » coin à droite...

» — Ah! voyons !... »

Paola se lève et va examiner le portrait de Thélénie que Roger avait terminé depuis peu de jours mais qui était parfaitement réussi. Il avait coiffé la belle brune d'une résille, ce qui allait parfaitement à son genre de beauté et lui donnait tout à fait un cachet andalou.

Madame de Beauvert examine quelques instants le portrait, puis se pince les lèvres en disant :

« — Oui, cela me paraît très-bien des-
» siné... du reste je ne m'y connais pas du
» tout ! Est-ce ressemblant ou est-ce une
» tête de fantaisie ?

» — C'est un portrait et fort ressemblant...
» la personne n'est même pas flattée quoi-
» qu'elle soit très-belle comme vous voyez...

» — Oh ! belle, cela dépend du goût...
» elle a l'air très-effrontée, voilà ce qui saute
» aux yeux ! Qu'est-ce que c'est que cette
» femme-là... un modèle ?

» — Non, c'est une demoiselle de ma-
» gasin.

» — Ah ! et dans quelle espèce de maga-
» sin trône-t-elle ?

» — Dans un magasin de parfums.

» — Ah ! Dieu !... c'est une parfumeuse...
» et c'est votre maîtresse, cette fille-là ? »

Roger est tout saisi de la question, et surtout de la façon leste dont elle lui est faite, il fronce les sourcils et répond d'un ton assez sec :

» — Madame, il me semble que je n'ai
» pas à vous rendre compte de mes actions
» ni de mes sentiments, et je trouve votre
» question passablement indiscrète.

» — Oh ! vous vous fâchez !.. oh mon
» Dieu !.. je ne pensais pas commettre un
» crime en vous demandant cela... mais il
» me paraît, monsieur, qu'avec vous il ne
» faut pas plaisanter... Après tout cette de-
» moiselle est peut-être une vestale... elle
n'en a pas l'air cependant... elle me rap-

» pelle ces dames espagnoles qui sont venues
» se trémousser sur presque tous nos
» théâtres... Oh! je crois bien avoir vu
» danser la cachutcha à votre parfumeuse...
» Ah! ah! ah!.. mais je vais encore vous
» mettre en colère, si je me permets de dire
» mon opinion sur cette demoiselle!..

» — Je ne suis nullement en colère, madame, répond Roger qui a repris sa bonne humeur, « et vous avez le droit de dire tout ce
» que vous pensez sur ce que vous voyez ici.

» — A la bonne heure, vous redevenez
» gentil. Mais je veux aussi que vous me
» fassiez mon portrait à moi... le voulez-vous?

» — Pourquoi pas, madame, je suis à vos
» ordres.

» — Oui, vous ferez ma tête... mais pas
» coiffée avec une résille par exemple... Ah!
» quelle horreur... je trouve cela affreux!..
» Qu'est-ce que vous me mettrez sur la tête...
» pour que cela soit distingué?

» — Ce que vous voudrez, madame, un » diadème si cela peut vous être agréable !

» — Ah ! que c'est méchant... on sait » bien que je n'ai pas le droit d'en porter... » à moins... Ah ! oui, un diadème en fleurs » cela fera bien... n'est-ce pas... regardez- » moi donc, trouvez-vous que cela ira à mon » genre de figure...

» — Oui, madame, oui, cela vous ira » parfaitement !

» — Mais c'est à peine si vous m'avez » regardée... Oh! décidément vous me bou- » dez encore pour ce que j'ai dit sur votre » parfumeuse...

» — Je vous assure, madame, que je n'y » pense plus.

» — Mais j'oublie près de vous que l'on » doit m'attendre en bas... je suis sûre que » la calèche est devant la porte... on vient » me chercher pour me mener à Enghien... »

Roger se lève en disant :

» — Ne vous faites pas attendre, madame,
» vous aurez un temps magnifique !

» — Oui, je le crois... c'est égal, je vais
» beaucoup m'ennuyer... il y a de ces com-
» pagnies qui nous donne le *spleen*... C'est
» une corvée que je fais-là... Ah ! si vous
» vouliez venir avec nous... je dirais à mon-
» sieur Bernouillet que vous êtes mon cousin,
» cela irait tout seul !

» — Vous êtes mille fois trop bonne, ma-
» dame, mais ce que je fait est très-pressé,
» il m'est impossible de quitter.

» — Allons, puisque vous ne pouvez pas...
» je vais me sacrifier et bâiller à vingt francs
» par tête! Ha ça, mon voisin, je suis venue
» chez vous, maintenant il me semble que
» c'est à votre tour... vous viendrez, n'est-ce
» pas?

» — J'aurai ce plaisir, madame.

» — Venez sur les midi, c'est l'heure où
» je suis seule... je ne reçois jamais avant
» deux heures, mais vous, c'est différent, ce
» sera une autre consigne... vous vous en
» souviendrez !

» — Oh ! certainement...

» — Au revoir donc, mon voisin. »

Madame de Beauvert est partie, et Roger se remet à son ouvrage en se disant :

« — Le plus souvent que j'irai chez toi !..

» Oh ! vous êtes fort jolie, madame, je ne
» puis dire autrement ! mais vous ne me sé-
» duisez pas du tout. D'abord je n'aime pas
» ces dames qui se jettent à la tête des
» hommes, et franchement, à moins d'être
» un imbécile, il n'y a pas à s'y tromper...
» elle me regardait... de façon à me faire
» baisser les yeux... Et ces questions au sujet
» du portrait de Thélénie... cette affectation
» à en dire du mal... que ferait-elle donc si

» elle était ma maîtresse... Je trouve déjà que
» Thélénie est assez embêtante, mais c'est
» cette belle dame qui serait un véritable
» *crampon!* comme nous disons entre ar-
» tiste... Ah! comme tout cela est loin de
» cette jolie Marie!.. Quel dommage que
» cette jeune fille soit fausse, dissimulée,
» hypocrite!.. elle a l'air si décent, si hon-
» nête... et tout cela n'est qu'un air qu'elle
» prend pour mieux nous tromper. Elle est

» la maîtresse de Lucien Bardecourt!.. elle
» n'en est pas convenue... mais il n'y a pas à
» en douter... elle a été vue avec lui, à son
» bras... elle n'a pu le nier... Ah! cela m'a
» serré le cœur quand j'ai entendu cela... je
» me sentais si disposé à aimer cette jeune
» fille... quelque chose m'attirait vers elle...
» il me semblait lire dans ses yeux qu'elle
» m'aimerait aussi... Imbécile!.. elle m'au-
» rait aimé comme elle aime ce Lucien...

» pour me tromper ensuite... Ah! je ne veux
» plus penser à cette Marie!.. »

Et Roger se met à marcher avec précipitation dans son atelier, puis tout à coup il s'arrête devant le portrait de Thélénie, le considère quelque temps, puis murmure :

« — Pourquoi donc n'est-ce pas celle-ci
» que j'aime, car certainement elle est plus
» jolie que mademoiselle Marie, infiniment
» plus jolie!.. Oh! non, non... ce n'est pas

» vrai... celle-ci a l'air effronté, madame de
» Beauvert n'a pas menti... elle est fort
» belle, mais il n'y a pas dans ses traits, dans
» l'expression de sa physionomie, ce charme
» qui attire... qui séduit... celle-ci fait naître
» des désirs... l'autre inspire de l'amour...
» Mais après tout ce qui m'est arrivé dois-je
» encore parler d'amour !.. C'est un sentiment
» qui n'est jamais ressenti également par la
» personne qui l'éprouve et celle qui l'ins-

» pire... Non, non, des amourettes, c'est
» bien assez !.. parce que dans les amourettes,
» ce qu'on éprouve le moins, c'est de l'amour. »

CHAPITRE DIX-SEPTIÈME.

XVII

Coup-d'œil général.

C'est un samedi ; il est dix heures du soir, mais les boutiques de la rue de Rivoli sont encore resplendissantes de lumière. Dans le beau magasin de parfumerie où est placée la belle Thélénie, règne une activité qui annonce que le commerce va fort bien. Outre la jolie brune que nous connaissons, quatre autres demoiselles sont employées chez le parfumeur. Puis il y a la maîtresse de la maison, beauté sur le retour, mais toujours très-coquette et qui, depuis qu'on ne lui fait plus de l'œil, ne veut pas souffrir que l'on en fasse à ses demoiselles. Enfin il y a le patron, homme très-actif, très-intelligent, qui s'occupe continuellement de son commerce, ce qui pourtant ne l'empêche pas de lancer par-ci par-là des regards très-tendres à celles de ses demoiselles qu'il trouve à son gré, et depuis que Thélénie est chez lui, c'est elle qui a la préférence, mais ce monsieur a bien soin de cacher cette préférence à sa femme, qui est extrêmement jalouse et renverrait bien vite celle de ses de-

BIBLIOTHÈQUE IMPÉRIALE

moiselles pour qui son mari se montrerait aimable ou complaisant.

Le parfumeur va et vient et achève de fermer quelques paquets de marchandise. Madame est à son comptoir, où elle examine ses livres, puis elle dit :

« — A-t-on envoyé chez madame de
» Bellaflori du vinaigre pour le visage, du
» blanc pour les mains, du noir pour les
» sourcils et du carmin pour les lèvres?

» — Oui, madame, j'ai porté tout cela » aujourd'hui chez cette dame, » crie une des demoiselles.

« — J'espère qu'en voilà une qui se » *maquille !* » murmure Thélénie à une de ses voisines. « Ah Dieu ! que je me trouverais » malheureuse si j'avais besoin de tout ça... » et puis, le plus souvent que les hommes » donnent là-dedans et prennent ces peintures- » là pour de la vérité !

» — Mais si ma chère, mais si, il y en a » qui s'y trompent, et d'ailleurs, si cela ne » servait à rien nous ne vendrions pas tant » de cosmétique.

» — A-t-on porté douze flacons de vi- » naigre de Bully chez madame la vicomtesse » de Vieuxsac ?

» — Oui, madame, cela fait vingt flacons » que cette dame a pris depuis six se- » maines...

» — Vingt francs de vinaigre en six se-
» maines à cette vieille femme qui est ridée
» comme une pomme cuite... elle prend donc
» des bains de vinaigre !

» — Ou elle en met dans ses salades !

» — En tout cas cela ne lui réussit guère !
» elle a l'air d'une momie mal conservée !..

» — Et les parfums pour cette jeune ac-
» trice des Boulevards ?

» — On les a portés, mais elle ne les a
» pas payés...

» — En voilà une qui s'en fourre des par-
» fums... mais cela ne l'empêche pas de sen-
» tir mauvais de la bouche! en voilà une in-
» firmité pour une femme!

» — On mâche du cachou, ma chère!

» — On a beau mâcher tout ce que tu
» voudras! on empoisonne tout de même...
» Je me souviendrai toujours d'une de mes
» amies qui avait cet inconvénient et qui
» suçait continuellement des pastilles de

» menthe !.. Cela faisait un mélange d'odeur » épouvantable... depuis ce temps je ne puis » pas souffrir les pastilles de menthe. »

En ce moment on ouvre la porte du magasin et un jeune homme fort élégant et qui se tient bien roide, entre en disant :

« — *Here englisch spoken ?*

» — Oui, milord, oui, » s'empresse de répondre le maître de la maison. « Mademoiselle Olivia, parlez à monsieur, sachez » ce qu'il désire ? »

La demoiselle qui parle anglais s'avance d'un air aimable vers le personnage qui vient d'entrer en lui disant :

« — *Wath will you, sir?* »

Et mademoiselle Thélénie murmure à l'oreille de sa voisine :

« — C'est un Anglais comme je danse...
» Je le reconnais ce grand jeune homme-là...
» voilà plusieurs jours qu'il rôde dans la rue
» et me fait des mines... je te parie que c'est
» pour moi qu'il vient ici. »

En effet, au lieu de répondre à la demoiselle qui lui a parlé anglais et qui à la vérité n'est pas jolie, le soi-disant étranger va droit à la belle brune et lui dit :

» — Je vôlais... *if you please...* vous...
» servir môa...

» — Milord, je vous demande pardon,
» mais je ne parle pas anglais ! » répond Thélénie.

Tandis que le parfumeur pousse ce monsieur vers mademoiselle Olivia, en disant :

» — Voilà, sir... milord... c'est made-
» moiselle qui spoken englisch... et non pas
» mademoiselle. »

Mais l'étranger tourne sur lui-même et revient devant Thélénie en lui disant :

» — *Givè my cream whip*... vôlez-vous?

» — Il est entêté, ce monsieur! » murmure le parfumeur que cela impatiente de voir les regards de ce nouveau-venu attachés sur sa plus belle demoiselle.

» — Monsieur veut du *cold-cream* ! dit la parfumeuse, « j'ai fort bien compris, moi, il » n'y a pas besoin de savoir l'anglais pour » cela... donnez-lui en un pot... mademoiselle » Olivia ? »

La demoiselle présente un pot de col-cream à l'étranger qui se tient toujours devant Thélénie, et repousse avec humeur le pot qu'on lui présente, en s'écriant :

» — No, no, ce était pas cela... je vôlais » cream *Whip*...

» — Ah! monsieur, c'est de la crême » fouettée qu'il demande...

» — Comment fouettée! » dit le parfumeur, « il se croit donc chez un pâtissier » ici... mais c'est lui qui va l'être fouetté, » s'il ne s'en va pas bien vite... »

Et courant secouer le bras de l'étranger qui fait des sourires à Thélénie, le maître du magasin lui dit d'un ton irrité :

» — Vous vous trompez de maison, mon-

» sieur, on ne vend rien de fouetté ici... c'est
» un pâtissier que vous cherchez... allez plus
» loin... et ne venez pas empêcher nos de-
» moiselles de travailler...

» — Je vôlais *cream whip.*

» — Nous n'en tenons pas, encore une
» fois... plus loin, monsieur, plus loin... »

Et le parfumeur pousse ce monsieur vers la porte et la lui referme sur le nez. Thélénie et les autres demoiselles rient aux éclats. Mais la maîtresse de la maison dit à son mari :

« — Vous avez traité ce monsieur bien
» cavalièrement... et vous ne savez pas seu-
» lement ce qu'il voulait... car mademoiselle
» Olivia a je crois entendu de travers.

» — Non madame, je vous assure que
» *wihp* veut dire : fouetter.

» — D'ailleurs, ma chère amie, je soup-
» çonne ce jeune homme d'être un faux an-
» glais... il est entré ici pour s'amuser,..
» faire une plaisanterie... il connait proba-
» blement une de ces demoiselles...

» — Mais non, monsieur..

» — Nous ne le connaissons pas...

» — Nous ne l'avons jamais vu'...

Le parfumeur s'approche de Thélénie et murmure bien bas :

» — Je suis bien sûr que vous le connais-
» sez, vous !...

» — Moi ! par exemple...

» — Qu'est-ce que vous dites à mademoi-
» selle, Loulou ?

» — Je lui demandais des ciseaux pour » un moment...

» — Pourquoi ne prenez-vous pas les » miens?

» — Ils ne coupent pas, les tiens...

» — Ah! voilà du nouveau... c'est bon... » suffit... Oh! je ferai attention... et si on « avait le malheur!... Oh! ce sera bientôt » fait!... «

Le parfumeur ne fait pas semblant d'entendre, et les demoiselles se disent entre elles :

« — Le patron aura sa danse ce soir...
» mais Dieu merci, c'est demain dimanche !
» nous nous donnerons de l'air... »

Dans le magasin de fleurs artificielles qui est au-dessus du parfumeur, et dans lequel sont employées une demi-douzaine de jeunes filles, c'est un brouhaha continuel, ces demoiselles causent presque toujours en travaillant, et la plupart du temps parlent plusieurs à la fois ; la maîtresse du magasin étant elle-même fort gaie, fort bavarde, elle permet à ses ouvrières de causer, pourvu que la besogne n'en souffre pas! Là, une histoire n'attend pas l'autre, on sait les nouvelles du quartier, les aventures arrivées anx pratiques, les affaires que font les boutiquiers, voisins, et parfois même on sait ce qui n'est pas arrivé.

» — Qui est-ce qui va demain au bois de » Boulogne?...

» — Ah ! pas moi, ça devient trop cohue » le bois de Boulogne, j'aime mieux les » promenades où il n'y a personne.

» — Passez-moi des pétales de roses, s'il » vous plaît...

» — Moi, je préfère le spectacle à tout.

» — Qu'est-ce qui a pris mes pinces ?

» — Moi, j'ai vu jouer dernièrement *les*

» *jeux de l'Amour et du Bazar !*... c'est ça
» qui est amusant...

» — Tâche donc de savoir ce que tu dis
» d'abord... et n'écorche pas les titres des
» pièces...

» — Comment... de quoi ? qu'est-ce que
» j'écorche, s'il vous plaît... mamzelle la sa-
» vante ! qui veut savoir tout mieux qu'une
» autre...

» — Tu dis le titre de travers, c'est : les

» jeux de l'Amour et *du hasard* que tu as vu,

» et non pas du Bazar !

» — Hasard !... Bazar !... c'est pas la

» peine de me reprendre pour si peu de chose.

» De la colle... où est la colle ?..

» — Il y en a devant toi...

» — Moi je suis allée à un petit théâtre

» dans une petite salle qui est dans le passage

» du Saumon.

» — Ah ! je sais, mon cousin y a joué...

» qu'est-ce que tu as vu ?...

» — J'ai vu *Othello ou le mauricaud de* » *Venise*.... ça ne m'a pas amusé du tout... » et puis un mari qui étouffe sa femme parce » qu'il la croit infidèle... merci, voilà de » belles choses à montrer... un joli exemple » à donner...

» — Ah ! c'est un homme de couleur qui » fait ça...

» — Je dinerai demain chez mes parents, » et je mangerai de l'oie !...

» — Bon ! voilà Tontaine qui pense déjà à
» ce qu'elle mangera demain... moi je n'aime
» que les pièces à musique...

» — Avec des marrons...

» — Les airs à roulades, c'est si joli...

» — J'aime mieux la graisse d'oie...

» — Moi je trouve ça bête comme tout,
» ces roulades qui n'en finissent pas... j'ai
» toujours envie de crier au chanteur : quand
» vous aurez fini je reviendrai...

» — Ma chère, ces dames qui chantent » comme ça ont des perles dans le gosier et » gagnent jusqu'à des soixante mille francs » par an...

» — Eh bien j'aime mieux entendre ma- » dame, quand elle chante : Je vais revoir ma » Normandie !...

» — Je crois bien, » dit tout bas une apprentie, « on l'entendrait de Rouen !

» — Et quand elle se mouche donc ! c'est » comme un cornet à piston !

» — Voilà ma couronne de mariée fi-
» nie...

» — Ah! Dieu! est-elle heureuse, celle
» qui va porter ça...

» — Tu as donc envie de te marier,
» toi ?

« — Mais pourquoi pas, si c'était avec un
» joli garçon!... *L'hymen est un lien char-*
» *mant!...*

» — Ah! on la connait, cette chanson-là!

» il n'est pas moins vrai que la petite dame
» de l'épicier en face, qui n'est mariée que
» depuis un mois, a déjà les yeux rouges
» comme un lapin et un des garçons de la
» boutique assure que son mari l'a battue
» avec un pain de sucre !

» — Ah! l'horreur... si c'est un gros
» pain il pouvait la tuer...

» — Non, ce n'est pas d'un pain de sucre
» qu'il s'est servi pour battre sa femme,
» c'est d'un paquet de chandelles.

» — Ah ! c'est un peu moins dur, mais ça » peut encore blesser...

» — Mais, non, mesdemoiselles, vous avez » mal entendu, ce n'est qu'avec une livre de » bougie qu'il l'a frappée...

» — Oh ! tout à l'heure ce ne sera qu'avec » un bâton de sucre d'orge... assez ! je rede- » mande mon argent !

» — Oh ! comme je danserai demain !... » J'irai au Jardin des fleurs...

» — Moi à la closerie des lilas...

» — Moi à un bal champêtre.

» — Et moi je mangerai de l'oie !...

» — Bouci-boulà mangera de l'oie... vous » l'entendez mesdemoiselles ?

LES JEUNES FILLES EN CHOEUR :

Tonton ! Tonton ! Tontaine tonton !...

La maîtresse s'écrie :

» — Eh bien, mesdemoiselles, qu'est-ce » que cela signifie de chanter toutes comme » cela !

» — Madame, c'est en l'honneur de
» Tontaine qui mangera de l'oie demain...

» — Ah! qu'elles sont enfants... mais
» c'est très-bon de l'oie... allons, mesdemoi-
» selles, ne nous endormons pas, il faut que
» ces garnitures partent demain... chantez,
» je le veux bien, mais travaillez, dépêchez-
» vous...

» — C'est ce que nous faisons, ma-
» dame... »

Dans le magasin de la lingère qui est au-dessous, règne un calme, un air de bonne compagnie qui fait tout à fait opposition avec la réunion des fleuristes. Ici, à la vérité, il y a beaucoup moins de monde. Le magasin n'est occupé que par la maîtresse de la maison, ses deux ouvrières, dont l'une est Marie et une petite apprentie de douze ans, il y a bien encore une jeune bonne qui, quelques fois, se montre au fond du magasin, mais seulement pour prendre les ordres de sa maîtresse. Tout ce monde-là est calme, silencieux, on entendrait voler une mouche.

La demoiselle qui est la camarade de Marie, a un air pincé, rechigné et semble continuellement de mauvaise humeur, elle ne peut pas souffrir sa compagne, parce que lorsque la maîtresse n'est pas là, c'est presque toujours à Marie que s'adressent les chalands; on n'a pas l'air de faire attention à elle, qui est cependant plus âgée, et puis la lingère elle-même parle à Marie avec plus de douceur, plus de bonté. Il n'en faut pas tant dans un magasin pour allumer la jalousie entre les ouvrières, et pourtant la jolie fille fait son possible pour être agréable à sa compagne, mais ses petits soins sont en pure perte. La demoiselle laide et maussade ne peut pas pardonner à Marie d'être jolie et gracieuse.

La lingère quitte sa place, va examiner l'ouvrage auquel travaillent ces demoiselles et dit à Marie :

» — C'est très-bien, mon enfant, mais
» ces points à jour sont bien fatigants pour
» la vue... il ne faut pas vous abîmer les
» yeux... Reposez-vous, vous finirez cela
» lundi...

» — Oh ! madame, je n'ai plus que peu
» de chose à faire pour terminer ce mouchoir,
» je puis bien le finir ce soir...

» — Comme vous voudrez, mais alors » j'espère que vous vous reposerez demain toute » la journée et n'emporterez pas d'ouvrage » dans votre chambre.

» — C'est donc demain dimanche, ma- » dame ?...

» — Sans doute... vous ne le saviez » pas ?

» — Mon Dieu, non, cela m'est si indiffé- » rent que ce soit dimanche... au con-

» traire, je crois que je préfère les jours de » la semaine...

» — Vraiment!.. » dit la demoiselle laide en faisant la grimace, « parce que vous » n'avez pas de parents et personne chez » qui aller, vous voudriez que les autres ne » sortissent pas! comme c'est égoïste!...

» — Mais Arsenne, je n'ai jamais trouvé » que l'on faisait mal de sortir, je ne sais » pas pourquoi vous me dites cela ...

» — Mademoiselle Arsenne, » dit la lingère, » si Marie n'a plus de parents, ce n'est » pas sa faute, et ce n'est pas bien à vous de » le lui rappeler...

» — Mon Dieu, madame, c'est qu'aussi, » on met mademoiselle dans du coton, on la » dorlote, on a peur qu'elle ne s'abîme les » yeux et il semble que les autres ne soient » rien du tout...

» — Vous êtes injuste, Arsenne, j'apprécie

» ce que chacun fait, seulement je dois veil-
» ler sur la santé des personnes qui sont chez
» moi.

» — Oui, » murmure Arsenne, « c'est
» pour cela que j'ai toussé comme un bœuf
» pendant trois mois et qu'on ne m'a pas
» seulement donné un morceau de jus de
» réglisse ! si elle avait toussé... l'autre! on
» lui aurait fait de la tisane...

Marie ne dit plus rien, mais elle soupire

profondément, car elle pense à Roger, qui était si aimable avec elle et qui a tout à coup cessé de la regarder, en apprenant qu'on l'avait rencontrée au bras de Lucien Bardecourt.

» — Désormais, » se dit-elle, « il va » croire que je suis la maîtresse de ce mon» sieur... Thélénie et les autres en sont per» suadées, ou du moins elles affectent de le » dire. Ah ! je savais bien que cette ren-

» contre-là me porterait malheur! et que
» m'importe à moi que ce soit demain di-
» manche!... est-ce que j'ai des jours de
» plaisir!...

Dans le magasin de modes où travaille la grande Fanfinette, on flâne au lieu de faire des chapeaux; mais la maîtresse du magasin est allée au spectacle et ses demoiselles profitent de son absence pour regarder au travers des carreaux, examiner ceux qui passent dans la rue et se dire :

» — Ton Ernest vient-il te prendre ce
» soir?

» — Maïs je l'espère bien... et ton
» Arthur?

» — Il sera là dans cinq minutes, avec de
» la galette...

» — Où vas-tu demain toi?

» — Je ne sais pas, je balance entre Vin-
» cennes et Versailles... Vincennes est plus
» amusant, mais Versailles est meilleur
» genre...

» — Et toi, Fanfinette ?

» — Moi, je ne sais pas encore ce que je
» ferai... il y a Sibille Peloton qui doit venir
» me prendre avec un char-à-bancs...

» — Sibille... mais Alexandre ?

» — Alexandre est parti pour la Califor-
» nie... *ne sait quand reviendra !*

» — Et tu vas avec Sibille ?

» — Oh ! mesdemoiselles, c'est unique-
» ment pour le faire poser et me promener

» en char-à-bancs... D'ailleurs j'emmènerai
» ma petite cousine Nanine...

» — Mais on m'a conté que dernièrement
» en calèche, Sibille ayant voulu conduire,
» avait renversé tout le monde... Edelmone a
» eu un œil poché...

» — Oh ! mais soyez tranquille, je ne le
» laisserai pas conduire le char-à-bancs...
» d'autant plus que je veux conduire moi-
» même...

» — Toi ?

» — Oui, moi...

» — Tu sais conduire une voiture... des
» chevaux ?

» — Je crois bien! j'ai une amie à l'Hyp-
» podrôme... elle m'a donné des leçons.
» Maintenant, mesdemoiselles, c'est la mode,
» au bois de Boulogne toutes les dames con-
» duisent!...

» — Tiens... les dames se sont faites
» cocher toutes ?...

» — Ah ! non, celles qui fumaient.

Dans un grand magasin de confection du boulevard Sébastopol, la langoureuse Edelmone achève de bâtir un petit paletot d'enfant. Ce magasin a des employés des deux sexes ; les commis sont pour la vente, les ouvrières sont pour la couture des vêtements ; il y a aussi des hommes qui ne sont occupés qu'à tailler dans les étoffes, ceux-là sont ce qu'on nomme des coupeurs. Là le patron a l'air fort sévère ; il va sans cesse de l'un à l'autre examiner si le travail se fait bien, si chacun est à son affaire ; les commis et les demoiselles ne peuvent échanger entr'eux que de courtes phrases et à voix basse.

Mademoiselle Edelmone murmure à une jeune fille qui travaille près d'elle :

» — Je ne resterai pas longtemps dans
» cette maison-ci... on s'y embête trop !...
» il faut avoir toujours le nez sur son ou-
» vrage...

» — Heureusement, c'est demain di-
» manche...

» — Oh! oui, et Sibille doit venir me
» chercher de bonne heure en coupé, pour
» me mener à une foire de village...

» — Quel village ?

» — Je ne sais plus, mais enfin c'est celui
» où il y aura une foire...

» — Il y en a souvent dans plusieurs en
» même temps... je croyais que tu ne voulais

» plus aller avec Sibille... c'est lui qui est » cause que tu as eu un œil si abîmé...

» — Pauvre garçon, ce n'est pas sa faute, » mais au reste, je l'ai prévenn... Je lui ai » dit : Je n'irai avec vous qu'en coupé et à » condition que vous ne conduirez pas...

» — Eh bien, mesdemoiselles, pourquoi » bavardez-vous au lieu de travailler...

» — Nous ne disons rien, monsieur !...

» — Par exemple ! je vous ai bien enten-

» dues... vous parliez de couper... si vous
» faites la moindre coupure dans ce vêtement
» mademoiselle Edelmone... je vous mets à
» l'amende...

» — Merci, je sors d'en prendre !...

» — Comment dites-vous ?

» — Je dis que vous vous faites bien
» comprendre...

Enfin dans un joli magasin de gants, la pétulante Anisette s'impatiente, parce qu'elle est en train d'essayer des gants à une dame qui ne trouve jamais qu'on la gante bien.

» — Tenez, madame, ceux-ci vous iront...
» oh! c'est bien votre main...

» — Vous croyez... voyons...

» — Oh! ils vous vont parfaitement...

» — Oui, mais la couleur ne me plaît
» pas... j'en veux de plus clairs...

» — Alors ce n'était pas la peine d'es-
» sayer ceux-ci!...

» — Essayons ceux-là...

» — Ils vous seront trop petits...

» — Mais peut-être... essayons toujours,
» les doigts sont trop longs...

» — Et ceux-ci ?...

» — La peau n'est pas assez fine.

En face d'Anisette une autre demoiselle essaye des gants à un gros monsieur et lui dit :

» — Ne mettez donc pas vos pouces mon-
» sieur...

» — Pourquoi cela, mademoiselle ?

» — Parce qu'on ne met jamais ses pouces » tout de suite en essayant des gants.

» — Mais je veux aussi des gants pour » mes pouces...

» — Mais soyez tranquille, vous les en- » trerez après...

» — Je veux les entrer tout de suite...

» — Là ! Voyez-vous, vous avez fait cra- » quer les gants... c'est votre faute, je vous

» ai averti... mais tant pis, nous ne les re-
» prendrons pas...

» — Alors il faut que je garde des gants
» que je ne peux pas mettre...

» — Il ne fallait pas y fourrer tout de
» suite votre pouce... ils se seraient faits à
» votre main.

Ces demoiselles sont enfin parvenues à se débarrasser de leur monde. Elles se rapprochent l'une de l'autre et se disent tout bas :

» — Comme il y a des gens assommants !

» — Et entêtés...

» — Et bêtes !...

» — Enfin, c'est demain dimanche... On
» tâchera d'oublier les ennuis de la se-
» maine...

» — Où vas-tu, Anisette ?

» — Sibille Peloton doit venir me cher-
» cher...

» — Avec une voiture ? je croyais qu'il
» t'avait déjà versée ?

» — Aussi n'ai-je pas envie d'aller en » voiture avec lui... mais il doit louer des » chevaux et nous irons promener à cheval.

» — Tu sais donc monter toi ?

» — Comme feu *Franconi*, que je n'ai ja» mais vu, mais qui était, dit-on, le roi des » écuyers...

» — Où irez-vous ?

» — Parbleu ! au bois de Boulogne.

» — Je suis capable d'y aller pour vous

» voir passer. Tu as donc un habit d'ama-
» zone ?

» — Non, mais j'ai un chapeau de feutre
» avec un voile vert, ça suffit.

On voit que le jeune Sibille avait pris beaucoup d'engagements pour le dimanche suivant.

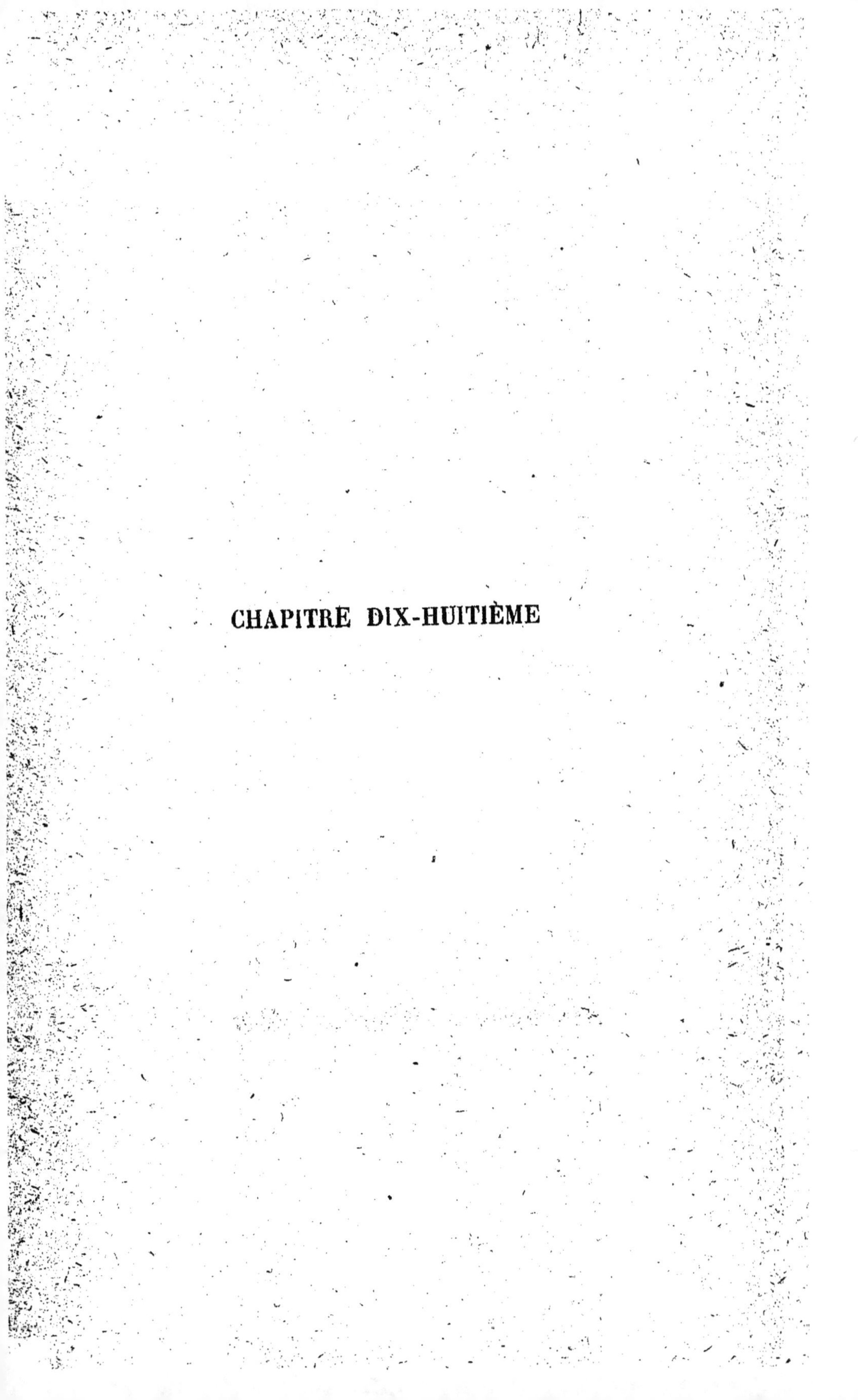

CHAPITRE DIX-HUITIÈME

XVIII

Le danger qu'il y a à prodiguer son portrait.

Madame de Beauvert a vainement attendu la visite de son jeune voisin; quatre jours se sont écoulés depuis qu'elle est montée à l'atelier de Roger et celui-ci n'est pas venu la voir ainsi qu'il le lui avait promis, ainsi que le voulait la plus simple politesse. La dame à la mode est furieuse contre le jeune artiste; blessée dans son amour-propre, contrariée dans ses désirs, elle, avec qui tous les hommes se montrent si empressés, si galants, si heureux lorsqu'elle veut bien leur acorder un sourire! se voir dédaignée par un simple artiste, qui demeure à un cinquième étage, il y avait bien là de quoi irriter ses nerfs. Aussi cette dame est-elle d'une humeur effroyable ; elle gronde sa femme de chambre, elle reçoit fort mal les compliments et les petits soins de M. Bernouillet, enfin il n'y a pas jusqu'à sa perruche qu'elle est sur le point de repousser, mais l'oiseau lui a dit : « Tu m'embêtes ! » et elle a trouvé cela si à propos, qu'elle ne lui a pas tenu rigueur.

Cependant la colère de cette dame serait

probablement moins tenace, s'il ne s'y joignait pas, ou plutôt si elle ne cachait pas un autre sentiment. Mais la belle Paola qui jusqu'alors avait bien voulu inspirer de l'amour, en se donnant bien de garde d'en éprouver, cette courtisane qui, en franche coquette s'amusait beaucoup des passions qu'elle faisait naître, et se moquait ensuite des hommes qui avaient été assez fous pour lui sacrifier leur fortune et souvent leur avenir, Paola, semblable à celle dont La Fontaine nous a conté l'histoire, était aussi devenue amoureuse.

Roger avait touché ce cœur, qui se croyait invulnérable. Était-ce seulement sa figure, sa personne qui avait subjugué cette dame ? n'était-ce pas plutôt la froideur avec laquelle il avait reçu ses avances ; le peu de cas qu'il avait fait de ses invitations, la façon tant soit peu railleuse dont il avait répondu à ses compliments ! c'était probablement un peu de tout cela réuni. Car, pour plaire à une courtisane, soyez bien certain qu'il ne faut pas lui faire la cour, ni lui offrir le moindre bouquet, fi donc ! tous les hommes font cela, et on n'aime pas un homme qui ressemble à tous les autres.

Quand une femme a dépassé la trentaine et qu'elle aime pour la première fois, soyez persuadé que cette passion la dominera entièrement, et que pour la satisfaire elle sera capable de commettre de grandes sottises.

Paola ne veut pas d'abord s'avouer à elle-même qu'elle ressent de l'amour pour son jeune voisin ; elle cherche à se persuader que c'est seulement son amour-propre qui est piqué. A chaque instant dans la journée elle appelle sa femme de chambre et lui dit :

« — Léontine, est-ce que tu as rencontré
» M. Roger depuis peu ?

» — Non, madame, non, je n'ai pas ren-
» contré ce monsieur depuis que madame a
» été chez lui.

» — Et conçois-tu qu'il ne soit pas venu
» me rendre ma visite... Comprends-tu quel-
» que chose à cela ?

» — Oh ! madame... ces peintres qui
» dessinent, ça ne se pique pas de politesse
» apparemment.

» — Cependant celui-ci a l'air bien élevé.
» On voit qu'il a l'habitude du monde, mais
» il est malade, peut-être, demande donc au

» concierge si monsieur Roger ne serait point
» malade...

» — Oh ! je ne crois pas, madame, je l'ai
» rencontré avant-hier, qui descendait l'esca-
» lier en chantant...

» — Mais depuis deux jours, mademoi-
» selle, il a eu le temps de faire une maladie.
» Quelquefois cela vous prend du jour au
» lendemain... Allez vous informer chez le
» concierge... »

Mademoiselle Léontine descend s'informer; elle remonte bientôt, en criant d'un air tant soit peu moqueur.

» — Monsieur Roger, le peintre du cin-
» quième se porte comme le Pont-Neuf, le
» portier lui a monté ce matin pour son dé-
» jeûner deux côtelettes, des rognons, du
» café, des flutes...

» — Assez! assez!

» — Madame, il y avait encore quelque
» chose. .

» — Je vous dis qu'en voilà assez...

» — Ah ! une botte de radis !

» — Ah ! que vous m'impatientez !...

» — Et du beurre.

» — Avez-vous fini ?

» — C'est pour prouver à madame que ce
» monsieur n'est pas malade... il se nourrit
» bien pour un dessinateur...

» — Que vous êtes sotte !... on voit bien
» que ce jeune homme est à son aise... Il loge

» au cinquième parce que les peintres tien-
» nent à avoir un très-beau jour...

» — Au fait, le concierge m'a dit que
» monsieur Roger était accablé d'ouvrage...
» il vient beaucoup de monde chez lui...

» — Vient-il des femmes ?

» — Ah !... probablement c'est mêlé !...
» après cela, je ne sais pas...

» — Léontine...

» — Madame ?...

» — Écoute. Tu vas redescendre chez le » concierge...

» — Encore pour savoir si monsieur » Roger est indisposé... au fait, il pourrait » bien avoir eu une indigestion...

» — Taisez-vous et écoutez-moi : Vous » demanderez au concierge s'il vient souvent » des femmes chez ce jeune homme... et » entr'autres une jeune fille brune, à l'air ef- » fronté, qui doit avoir la démarche hardie ;

» sachez à quelle heure elle vient... si elle
» reste longtemps... si quand elle est là-haut
» ce monsieur ouvre encore la porte à d'au-
» tres visiteurs... Tu entends, Léontine... tu
» m'as comprise... Tiens, voilà cent sous
» que tu donneras au concierge pour qu'il
» entre dans de grands détails.

» — Suffit, madame... oh ! je vais le faire
» jaser, *le Pipelet !*... »

La femme de chambre descend de nouveau

mais avant d'entrer chez le portier elle met la pièce de cinq francs dans sa poche et la remplace par une pièce de quarante sous, en se disant :

« — Ce sera bien assez pour faire jacas-
» ser le portier, il ne faut pas gâter ces
» gens-là !... J'ai bien plus de mal que lui,
» moi, qu'on fait monter et descendre à
» chaque instant... »

Madame de Beauvert attend avec impatience le retour de sa femme de chambre ; enfin celle-ci revient :

» — Le portier m'en a conté tant que j'ai
» voulu! pour cent sous cet homme-là parle-
» rait depuis le matin jusqu'au soir sans s'ar-
» rêter... C'est pis qu'une portière !... Mon-
» sieur Roger reçoit beaucoup de monde,
» mais bien plus de messieurs que de dames.
» Cependant la brune dont madame m'a fait
» le portrait, est en effet venue assez souvent

» mais depuis quelque temps elle vient moins.
» Plusieurs fois elle a déjeuné avec monsieur
» Roger, et ces jours-là on faisait toujours
» monter des huîtres, il paraît que cette demoi-
» selle aime les huîtres...

» — Et elle vient moins à présent ?

» — Elle vient moins, mais cependant
» elle vient toujours...

» — A quelle heure vient-elle ?

» — Oh ! elle n'a pas d'heure fixe, tantôt

» c'est de grand matin, tantôt c'est dans » l'après-midi... Quant aux autres personnes » qui viennent...

» — C'est bien, Léontine, j'en sais assez. »

Madame de Beauvert ajuste sur sa tête un charmant bonnet de dentelles, elle jette sur ses épaules un petit cachemire, puis sort de chez elle et gravit lestement les étages qui la séparent de l'atelier de Roger, en se disant :

« — Ah ! il ne veut pas venir... eh bien,

» j'irai chez lui... j'irai si souvent que je
» l'habituerai à mes visites... D'ailleurs, je
» me ferai faire mon portrait... il ne peut pas
» me refuser cela, c'est son état, s'il ne peut
» pas le faire à l'huile, eh bien, il me dessi-
» nera comme cette demoiselle qu'il a déjà
» chez lui... et qui va y manger des huîtres !
» Oh ! si je la trouvais avec lui, cette femme...
» je sais bien que je n'ai pas le droit de rien
» lui dire !... C'est égal, je trouverais bien le
» moyen de la tourmenter !... »

Mais, au lieu de Thélénie, c'est le jeune Sibille Peloton qui est en ce moment chez Roger. Cette fois, Sibille n'est pas envoyé par son cousin, mais le jeune négociant voudrait avoir sa photographie, son portrait en carte, comme la mode en est venue depuis quelque temps, si bien que cela est passé en usage, on se donne son portrait comme jadis on se donnait simplement son nom et son adresse ; c'est à qui se fera faire en trois poses : l'une debout, l'autre assis, la troisième de profil. Et qu'on ne croie pas que c'est seulement les artistes, les gens à talents, les grands personnages, les célébrités dont on a chez soi les portraits ; tout le monde se fait photographier, Le tapissier envoie sa figure à son voisin le pâtissier, qui en revanche lui offre la sienne ; l'épicier met sa carte-portrait chez le charcutier qui s'est fait tirer debout tenant à la main un superbe boudin ; inutile d'ajouter qu'il en est de même des dames, et celles-ci sont plus pardonnables que les hommes, les femmes ont toujours aimé à se voir, comment résisteraient-elles à ce torrent, à cette trombe de portraits photographiés qui tout-à-coup s'est abattue sur toutes les classes de la société... Oui, toutes les classes, car vous trouverez fort peu de portière qui n'ait pas chez elle sa photographie, et incessamment les ouvreuses de loges distribueront la leur aux personnes qu'elles placeront, avec le numéro qu'elles donnent pour rendre les châles ou les chapeaux.

Revenons au jeune Peloton, qui a le plus ardent désir de posséder son portrait assis, debout et de profil, pour le distribuer à toutes les demoiselles de magasin qu'il courtise, persuadé que la vue de son image ne pourra qu'accélérer son triomphe. Mais comme en ce moment le jeune homme ne se trouve pas en fonds, ce qui est presque son état normal, il voudrait trouver moyen de se faire photographier gratis. Comme il sait que Roger est fort lié avec plusieurs photographes en renom, il veut tâcher d'avoir par son entremise accès et recommandation près de l'un d'eux. C'est donc ce motif qui l'a conduit dans l'atelier du dessinateur.

« — Est-ce que votre cousin vous a chargé » de quelque commission pour moi ? » dit Roger en voyant Sibille arriver chez lui.

» — Non, monsieur, non, j'y suis venu » de moi-même, pour avoir le plaisir de vous » dire bonjour!...

» — Tu mens, » se dit Roger en lui-même, « je te connais, mon petit bonhomme, » et ce n'est pas seulement pour cela que tu » es monté ici!... »

Puis il répond tout haut :

« — C'est fort aimable à vous, jeune » homme! asseyez-vous... Eh bien! vous

» avez donc encore fait des vôtres à ce pauvre » monsieur Boniface Triffouille... il paraît » que cette fois vous avez failli le tuer, lui et » les deux donzelles qui vous accompa» gnaient.

» — Ah! monsieur Roger, est-ce que » c'est ma faute! On vous a donc mal » conté l'histoire... je vous en fais juge : nous » étions en calèche, je conduisais, les che» vaux s'emportent, dans un horrible cahot,

» nous tombons sur la route... Croyez-vous » que je l'ai fait exprès de faire tomber ma » société, puisque je suis tombé aussi, » moi.

» — Non, vous ne l'avez pas fait exprès, » assurément, mais les chevaux se sont em- » portés parce qu'ils étaient mal conduits, et » c'est vous qui avez voulu absolument con- » duire... malgré le cocher, que vous aviez » trouvé moyen d'éloigner ; vous voyez donc

» bien que c'est votre faute si l'accident est
» arrivé...

» — Oh ! c'est cela... un accident arrive...
» alors c'est ma faute... si monsieur Boniface
» m'en veut, il a tort...

» — Il ne vous en veut pas, il est trop bon
» pour cela... et pourtant il en aurait le
» droit : il lui a fallu payer l'accident arrivé
» au cheval, heureusement c'était peu de
» chose...

» — Et moi donc, il m'a fallu payer la
» roue de la voiture du blanchisseur...

» — Ce n'est pas vous qui l'avez payée,
» c'est votre cousin, à qui vous avez écrit de
» Saint-Cloud, où l'on vous gardait en ôtage
» et qui a été vous délivrer.

» — Naturellement... entre cousins, c'est
» bien le moins, j'en ferais autant pour lui si
» l'occasion se présentait...

» — C'est égal, le pauvre Boniface n'a
» pas de bonheur avec vous...

» — Je le dédommagerai de cela un de
» ces jours... Dites-moi, monsieur Roger,
» vous êtes lié avec plusieurs photographes...
» très-célèbres ?...

» — Bon !... Je te vois venir, toi ! » se
dit l'artiste, qui répond :

« — Oui, pourquoi cela ?...

» — Mon Dieu ! je vais vous dire. Vous

» savez que maintenant tout le monde fait » faire son portrait sur des cartes...

» — Oui, en attendant qu'on le fasse » faire sur des boules de loto, après ?

» — Alors... je vous dirai que j'ai très-» envie de me faire tirer... photographier sur » cartes ; d'abord cela me sera très-utile » d'avoir mon portrait... Et près des » femmes !... Oh ! près des femmes, cela me » fera faire tant de conquêtes !...

» — Vous croyez ?...

» — J'en suis sûr...

» — Vous pourriez vous tromper, il est
» souvent fort maladroit de prodiguer son
» portrait... voulez-vous que je vous conte
» ce qui est arrivé à quelqu'un que je con-
» nais beaucoup... et ceci n'est point une
» histoire faite à plaisir... du reste cela n'a rien
» d'extraordinaire...

» — Parlez, monsieur Roger, je vous
» écoute.

» — Il s'agit d'un homme de lettres très-
» connu... très-aimé... mais dont il est inu-
» tile que je vous dise le nom. Il n'est pas
» partisan des portraits, lui ; cependant un
» monsieur de ses amis, se livrant, pour son
» plaisir seulement, à faire de la photogra-
» phie, le supplia tant de venir poser chez
» lui, qu'enfin, de guerre lasse, mon monsieur
» y consentit. On fit son portrait, non pas
» sur une carte, mais de moyenne grandeur,

» on le fit de deux façons différentes ; ce
» n'était pas fort heureux d'exécution, mais
» enfin cela ressemblait. On lui donne ses
» deux portraits, en lui disant : Quand vous
» voudrez d'autres épreuves, ne vous gênez
» pas, vous n'aurez qu'à parler. Fort bien.
» Mon homme de lettres avait une maîtresse...
» Qui est-ce qui n'a pas au moins une maî-
» tresse ! Celle-ci trouve les portraits chez
» son amant et s'écrie :

» — Ah! c'est pour moi que vous les » avez fait faire... n'est-ce pas... je les » veux...

» — Ce monsieur lui répond :

» — Prenez-en un si vous le voulez, il » me semble que c'est bien assez, vous n'a- » vez pas besoin d'avoir les deux...

» — Si fait! si... je veux les deux... que » feriez-vous de l'autre? vous le donneriez à » une autre femme, j'en suis sûre! Non, non,

» je veux les deux... d'ailleurs vous savez
» bien que je ne vous vois jamais assez... que
» personne n'aura autant que moi de plaisir
» à les regarder... je serai si malheureuse si
» vous ne me les donnez pas tous les
» deux!..

» — Ce monsieur ne veut pas faire de
» peine à cette dame. Les deux photogra-
» phies sont encadrées et elle les emporte
» chez elle. Mais, six mois plus tard, cette

» liaison se refroidit, puis se rompt entière-
» ment. Voilà qu'un beau jour mon homme
» de lettre se trouvant chez son pharmacien,
» avec lequel il était ami, éprouve le besoin
» d'aller en certain lieu. Le pharmacien lui
» donne la clef de son cabinet particulier, il
» en sort au bout de quelque temps en riant
» comme un fou.

» — Pourriez-vous me dire ce qui vous met
» en gaîté, » lui dit son ami.

« — Et pourriez-vous me dire, vous,
» comment il se fait que mes deux portraits
» photographiés sont dans vos lieux à l'an-
» glaise?

» — Quoi ! la bonne les a accrochés là !..
» Oh ! l'imbécile... Mon cher ami, voici
» l'histoire : Madame X... votre ancienne
» maîtresse, est aussi ma cliente; dernière-
» ment elle me fait demander et me dit :

» — Oh ! monsieur, rendez-moi un grand

» service... je vais me marier... du moins
» j'en ai l'espoir... mais je ne voudrais pas
» que mon futur vit chez moi ces portraits
» de votre ami... vous comprenez, cela lui
» ferait deviner des choses que je veux lui
» cacher... Voulez-vous ces deux portraits,
» cela me fera bien plaisir si vous m'en dé-
» barrassez !..

» — Vous pensez bien que j'ai accepté.
» J'ai apporté chez moi les deux portraits ;

» mais n'ayant pas encore trouvé l'endroit
» pour les placer, je les avais laissés sur un
» meuble de ma chambre, et il paraît que
» ce matin, la bonne voulant ranger, les
» aura accrochés où vous les avez vus, mais
» où je vous prie de croire qu'ils ne resteront
» pas. Voilà, monsieur Sibille, ce que je
» voulais vous apprendre pour vous prouver
» qu'il est quelquefois fort dangereux de
» prodiguer son portrait, même aux femmes
» qui ont l'air de nous adorer.

» — Ah! l'histoire est bonne... elle est » très-bonne!.. mais je n'ai pas peur qu'on » mette ma carte-portrait dans les lieux d'ai- » sance... oh! non, jamais!

» — On ne sait pas!.. on ne sait pas... » *souvent femme varie!..*

» — Je gage, moi, que celles-à qui je » donnerai ma figure, la mettront dans leur » lit sous leur oreiller.

» — C'est possible, on voit des choses si » bizarres!

» — Et je venais vous demander, mon- » sieur Roger, un petit mot de recommanda- » tion pour un photographe de vos amis.

» — Pourquoi faire une recommandation? » vous avez le droit de vous faire photogra- » phier partout.

» — Oui, je sais bien... je puis aller me » faire faire... mais, je ne veux être photo-

» graphié que par une célébrité... et les célé-
» brités prennent cher, tandis qu'avec un
» petit mot de vous...

» — Vous pensez qu'on vous ferait gratis..

» — Gratis! je ne dis pas... mais je ne
» serais pas obligé de payer tout de suite...

» — Et alors vous ne paieriez pas du
» tout.

» — Ah ! monsieur Roger, vous avez mau-
» vaise opinion de moi!

» — C'est que j'ai su par monsieur Bo-
» niface, que dans les parties que vous avez
» faites ensemble, vous l'avez toujours laissé
» payer tout.

» — Ma foi, écoutez donc! quand on pi-
» lote quelqu'un, ordinairement c'est le quel-
» qu'un qui paie... ce n'est pas celui qui nous
» procure de l'agrément!

» — Il est gentil l'agrément que ce mon-
» sieur a goûté grâce à vous!..

» — Ah! je ne peux pas répondre des évé» nements... Eh bien, voulez-vous me don» ner le petit mot que je vous demande?

» — Non, jeune homme, non, je ne vous » donnerai pas le plus petit mot!

» — Et pourquoi donc cela? ça vous » coûterait si peu!

» — Oh! certainement, ce serait l'affaire » d'une minute, mais je vous répète que je » ne le veux pas. Et si grâce à moi votre

» figure n'est pas sous une foule d'oreillers, » il me semble que ce ne sera pas un grand » malheur, et que la postérité s'en consolera » facilement.

» — Ah ! que vous êtes méchant, mon- » sieur Roger, enfin c'est égal, je me ferai » faire tout de même... Cela m'est indispen- » sable... D'abord je donne souvent des » rendez-vous auxquels il m'est impossible » de me rendre; eh bien ! dans ce cas-là

» j'enverrai mon portrait pour me remplacer.

» — Et vous chanterez :

» Et si je ne suis pas là,
» Mon portrait du moins y sera.

» — Justement. Voyons... chez qui me conseillez-vous d'aller ?

» — Chez celui qui fait le moins ressemblant... c'est dans votre intérêt. »

Le jeune Peloton allait répliquer, mais

c'est en ce moment que madame de Beauvert entre dans l'atelier. A la vue de cette dame élégante qui répand sur son passage le parfum d'un délicieux bouquet, Sibille se lève, se cambre, passe sa main dans ses cheveux, et tâche de se donner un air distingué.

Roger salue profondément sa voisine et lui présente un siége ; mais Paola s'écrie :

« — Mon Dieu, excusez-moi, je vous dé-

» range peut-être, messieurs, j'en serais
» désolée... monsieur posait, je crois...

» — Non, madame, je ne posais pas! »
répond Sibille en s'inclinant profondément
devant la jolie dame, « et je poserais que
» certainement... je m'empresserais de ne
» plus poser... mais je ne posais pas!..

» — Ah! voilà une phrase qui me rap-
» pelle : *Je n'aime pas les épinards et j'en suis*

» *enchanté, car si je les aimais j'en mangerais,*

» *et je ne peux pas les souffrir!*

» — Décidément monsieur Roger m'en

» veut aujourd'hui... il ne cesse pas de se

» moquer de moi, je crois que je ferai bien

» de m'en aller... »

Sibille se penche vers l'artiste et lui dit à

demi-voix :

« — Quelle est donc cette dame ?

» — Qu'est-ce que cela vous fait... est-
» ce que vous avez envie de la mener en
» calèche ?

» — Pourquoi pas ! elle est fièrement
» jolie... est-elle mariée ?

» — De la main gauche seulement...
» Vous voudriez l'épouser ?

» — Mais oui, une femme comme cela à

» mon bras, ça me chausserait joliment!

» — Je crois que cela vous coifferait
» aussi!

» — Vous êtes un heureux mortel, mon-
» sieur Roger!

» — Vous me flattez, jeune homme.

» — Vous ne voulez pas me donner le
» petit mot?

» — Ah! allez-vous recommencer? »

Sibille prend son chapeau, salue profondément Paola, dit adieu à Roger et s'éloigne en fredonnant l'air du *mirliton*.

CHAPITRE DIX-NEUVIÈME

XIX

Une première séance.

Paola a pris un siége et s'est assise en face de Roger, en lui disant :

« — Vous devez trouver que j'ai bien peu
» de cœur, n'est-ce pas ?

» — Comment cela, madame, je ne vous » comprends pas...

» — Vous n'avez pas eu seulement la po» litesse de me rendre ma visite... vous n'a» vez pas daigné entrer un moment chez » moi !.. ce qui vous aurait bien peu dé» rangé, puisque vous passez journellement » devant ma porte ! et malgré cela je viens » encore vous voir... Ah ! convenez-en, c'est » lâche !.. c'est bien sot de ma part !..

» — Madame, vous avez en effet le droit
» de me trouver impoli, et je m'en accuse
» devant vous, mais les artistes sont un
» monde à part, qu'il faut accepter comme il
» est, ou ne point voir du tout. La visite...
» la cérémonie ! tout cela n'est à mes yeux
» que sujétions et fatigue. Je vais fort peu
» dans le monde, justement pour n'être point
» assujéti à des visites... dans lesquelles on
» perd beaucoup de temps... pourquoi faire ?

» pour échanger de banales politesses et des » phrases dont les trois quarts du temps on » ne pense pas un mot. Je ne suis point allé » chez vous, madame, parce que j'avais cru » que vous ne feriez aucune attention à mon » peu de savoir-vivre, et que vous aviez déjà » oublié votre voisin du cinquième.

» — Non... vous n'avez pas cru cela !.. » vous ne pensez pas ce que vous dites en ce » moment ! je ne me paie pas de telles rai-

» sons !.. Vous n'êtes pas venu parce que...
» parce que cela ne vous a pas plu, voilà
» tout!

» — Je vous le répète, madame, il me
» semblait que dans la foule d'admirateurs
» qui doit sans cesse vous entourer de ses
» hommages, un de plus ou de moins ne de-
» vait pas être remarqué... surtout quand
» ce n'est pas un personnage important !...

» — Vous êtes décidé à ne pas sortir de

» là... c'est bien, il est inutile d'en dire da-
» vantage sur ce sujet... Monsieur Roger,
» je désire que vous fassiez mon portrait...
» et c'est pour cela que je suis venue...

» — Madame, je suis à vos ordres... mais
» je ne peins pas à l'huile, je vous en pré-
» viens...

» — Mon Dieu, monsieur, vous me ferez
» comme vous voudrez, vous avez bien fait
» le portrait de cette fille qui est là-bas...

» Ah ! je ne puis pas le regarder ce portrait-
» là ! il m'agace ! il me fait mal aux nerfs !

» — Vous n'êtes nullement obligée de le
» regarder... si vous le désirez, je vous ferai
» au pastel...

» — Qu'est-ce que c'est que ça le pastel ?

» — C'est au crayon, mais en couleur.

» — Ah ! oui, oui... faites-moi au pastel
» alors... ce sera plus gentil que tout noir...

» Quant au prix, monsieur, je vous donnerai
» ce que vous me demanderez...

» — Oh! madame, nous n'aurons pour
» cela aucune difficulté...

» — C'est bien... et vous me ferez res-
» semblante surtout!

» — Je vous prie de croire que j'y ferai
» tout mon possible au moins.

» — Je vous préviens que je ne veux pas
» être flattée d'abord!

» — Vous n'en avez pas besoin, madame!

» — Voilà un mot que vous avez dû dire » souvent!.. Quand commencerons-nous?

» — Mais... demain si vous avez le temps » de poser...

» — Non, pas demain... après-demain... » je viendrai ici... je ne veux pas vous obliger » à venir chez moi, cela vous rendrait ma- » lade!..

» — Madame, je ferai ce que vous vou-
» drez... mais vous concevez que dans mon
» atelier j'ai tout ce qu'il me faut sous la
» main, et c'est infiniment plus commode
» pour travailler...

» — Oui, oui... je viendrai; d'ailleurs
» cela m'amuse de venir ici... et puis j'y
» ferai peut-être des rencontres .. agréables...
» votre belle parfumeuse! vient-elle souvent
» manger des huîtres avec vous?.. »

Roger se met à rire en répondant :

« — Diable! mais vous avez donc un
» démon familier qui vous instruit de ce
» qu'on fait ?

» — Il n'y a pas besoin de démon, quand
» on demeure dans la même maison, est-ce
» qu'on ne sait pas tout ce que font nos
» voisins !..

» — Cela dépend... moi, je vous certifie

» que c'est une chose dont je ne me suis jamais occupé.

» — Qu'est-ce que c'est que ce petit jeune homme qui était ici tout à l'heure... il a une drôle de tête !

» — C'est un négociant en herbe.

» — Comment... il vend des herbages ?

» — Je veux dire : c'est un apprenti commerçant.

» — Il a l'air d'un groom !

» — N'en dites pas de mal! il vous a » trouvée ravissante.

» — Vraiment!.. il vous l'a dit?

» — Sur-le-champ! Au reste, vous avez » bien dû vous en apercevoir...

» — Oh! je suis si habituée aux œillades... » aux compliments... Il est fort laid ce petit » bonhomme!.. »

Madame de Beauvert se lève, se promène

dans l'atelier, s'arrête devant le portrait de Thélénie et s'écrie :

» — Pourquoi donc cette demoiselle n'em-
» porte-t-elle pas son portrait quand elle
» vient ici ?

» — Parce qu'elle m'en a fait présent.

» — Oh ! quel joli cadeau... quand je
» viendrai poser ici je le retournerai, car je
» ne peux pas le voir... Adieu, monsieur

» Roger... à bientôt... mais à quelle heure » puis-je venir ?

» — A l'heure qui vous conviendra, madame, je serai toujours disponible...

» — Mais cependant... si vous étiez en » train... de déjeuner... cela vous gênerait ?

» — Je vous demanderais la permission » de continuer... voilà tout...

» — Même... si vous mangiez des » huîtres ?..

» — Pourquoi pas ?.. seulement je vous
» engagerais à en manger aussi. »

Paola se mord les lèvres, fait des yeux flamboyants, puis sort brusquement en disant :

« — Adieu, monsieur.

» — Cela ne m'amusera pas du tout de
» faire son portrait! » se dit le jeune artiste,
» mais je ne pouvais pas refuser... je n'en
» avais pas le droit... et puis... c'est singu-

» lier, elle a dans le profil quelque chose de
» Marie... oui, mais lorsqu'elle vous regarde
» ce n'est plus cela du tout... Celle-ci a des
» yeux hardis... impertinents... libertins
» lorsqu'ils veulent être aimables... tandis
» que cette jeune lingère... c'est un regard
» doux, tendre et toujours si décent... Com-
» ment ce Lucien a-t-il pu lui plaire ! lui qui
» a des manières si libres, si décolletées !..
» Ah ! comprenez-donc quelque chose aux

» femmes !.. Est-ce que la voisine du premier
» serait amoureuse de moi, par hasard ?..
» cette colère contre le portrait de Thélénie...
» cet entêtement à vouloir que j'aille chez
» elle... sans fatuité je crois que j'ai fait
» sa conquête... Si cela est, tant pis pour
» vous, madame, car vous ne me plaisez
» nullement, et, bien que vous soyez très-
» jolie femme, vous en serez pour vos
» avances... Je suis fâché de n'avoir point

» demandé à Sibille s'il voyait quelquefois
» Lucien Bardecourt... j'en avais l'intention,
» c'est l'arrivée de cette dame qui m'en a
» empêché... j'aurais pu peut-être avoir par
» lui quelques renseignements sur la liaison
» de ce monsieur avec cette jeune Marie... Je
» sais bien que si je voulais questionner
» Thélénie, elle m'en donnerait... mais elle
» me demanderait en quoi cela m'intéresse...

» de quoi je me mêle... elle aurait raison...

» cela ne me regarde pas. »

Madame de Beauvert ne manque pas de se rendre le surlendemain chez Roger. Chaque fois qu'elle monte à l'atelier, elle fait une toilette du meilleur goût; elle emploie tous les moyens en usage, tous les raffinements de la coquëtterie pour faire la conquête de l'artiste, et se pose devant lui en disant :

» — Me trouvez-vous bien ainsi... cette

» robe fera-t-elle bien en portrait... et ma » coiffure... je suis venue en cheveux... faut-» il que je me fasse apporter un chapeau ou » un bonnet ?

» — Vous êtes très-bien ainsi, madame, » un chapeau vieillit toujours... enfin vous » serez beaucoup mieux en cheveux comme » vous voilà.

» — Eh bien, en ce cas, faites-moi ainsi. » Allons-nous commencer ?

» — Oui, madame, tout de suite... veuil-
» lez-vous asseoir...

» — Quelle pose faut-il prendre?

» — Celle qui vous est la plus habituelle,
» cela vaut toujours mieux.

» — Mais j'ai beaucoup de poses habi-
» tuelles !

» — Celle qui vous gênera le moins...

» — Tenez... suis-je bien ainsi ?

» — Fort bien... un peu plus penchée à
» droite... là... c'est cela...

» — Il me semble que j'aimerais mieux
» m'appuyer sur une table...

— » Comme vous voudrez... tenez voilà
» une table...

» — Je vais y poser mon coude... là...
» est-ce bien.

» — Oui, ce n'est pas mal...

» — Non, ça me fatiguera de tenir mon

» bras ainsi... j'aime mieux autrement... Ah!
» si je tenais un bouquet... ou un livre...

» — Comme vous voudrez, madame, seu-
» lement il faudrait tâcher de vous fixer.

» — Mon Dieu, monsieur, il me semble
» que c'est assez important pour qu'on y
» réfléchisse... vous ne m'aidez pas aussi...
» vous me laissez chercher toute seule...

» — Eh bien, madame, permettez-moi

» de vous dire que la première position était
» la meilleure.

» — Vraiment? eh bien! reprenons-là
» alors... mais je ne me souviens plus com-
» ment j'étais... venez me placer vous-
» même. »

Roger va mettre son modèle comme il l'entend. Paola fait une foule de petites minauderies pendant que l'artiste lui place les bras et les pieds; enfin la position est fixée, et Roger se met à l'ouvrage. Mais à chaque instant le modèle remue, se dérange et porte sa main à sa coiffure pour retoucher à ses cheveux.

« — Madame, il faudrait pourtant tâcher
» de rester un peu tranquille, si vous voulez
» que je puisse bien dessiner votre pose.

» — Monsieur... c'est que vous me re-
» gardez beaucoup... cela me trouble... cela
» me donne des distractions...

» — Madame, il est impossible de faire » un portrait sans regarder son modèle...

» — Mon Dieu, je ne m'en offense pas... » seulement je vous répète que cela me fait » un drôle d'effet...

» — Vous ne vous étiez pas encore fait » peindre, madame?

» — Oh! si... bien souvent! mais tous les » peintres n'ont pas votre regard. »

Roger fait semblant de ne pas entendre et travaille avec ardeur.

« — Monsieur, ce sera-t-il long à faire
» mon portrait ?..

» — Non, madame, trois ou quatre
» séances... surtout si vous posez bien.

» — Oh ! mais je ne suis pas pressée,
» donnez-vous le temps... Ah ! je vois là-bas
» quelque chose qui me fait loucher !.. »

Et cette dame, se levant vivement, va au portrait de Thélénie, lui met le visage du côté du mur, puis revient se mettre à sa place. Roger n'est pas maître d'un mouvement d'impatience, il s'écrie :

« — Mais, madame... vous changez toute
» la pose, ce n'est plus cela du tout...

» — En vérité! Ah ! je vois que vous êtes
» en colère de ce que j'ai retourné le portrait
» de votre maîtresse!..

» — Il n'est pas question de ce portrait, » madame, mais du vôtre... et si vous conti- » nuez à changer de position, nous ne ferons » jamais rien de bien.

» — Ne vous fâchez pas, mon petit » voisin, on ne bougera plus!.. Savez-vous » bien que vous avez l'air méchant, quel- » quefois...

» — Je ne crois cependant pas l'être, ma-

» dame... de ma vie je n'ai eu l'idée de faire
» du mal à personne.

» — Souvent on fait du mal sans le vou-
» loir... sans le chercher... souvent on cause
» des chagrins... des peines...

» — Souriez un peu s'il vous plaît, ma-
» dame...

» — Ah! que vous êtes terrible! et si je
» n'ai pas envie de sourire, moi! »

L'arrivée de Boniface Triffouille interrompt

cette dame. Le provincial salue, puis s'arrête en disant :

« — Bonjour monsieur Roger... Oh! mais » pardon... vous avez du monde... je vous » dérange... je m'en vais...

» — Mais restez donc, mon cher mon- » sieur Triffouille... vous ne me dérangez » nullement... au contraire... je vous ai déjà » dit que je ne travaillais jamais mieux » qu'en compagnie. .

» — Alors... si c'est comme cela...

» — Je fais le portrait de madame... c'est
» une besogne qui ne saurait vous faire
» fuir...

» — Oh! assurément... c'est un ouvrage...
» bien agréable!..

» — Asseyez-vous... et contez-nous des
» nouvelles... Voyons, avez-vous revu ces
» messieurs avec qui vous m'avez fait
» dîner...

» — Mais oui... je me suis trouvé hier » au soir au spectacle avec l'un d'eux... »

En ce moment madame de Beauvert qui faisait la mine depuis l'arrivée de Boniface, se lève brusquement en disant :

« — En voilà assez pour aujourd'hui, je » ne pose plus...

» — Quoi madame, déjà!..

» — Oui, je suis fatiguée...

» — Serait-ce moi qui ferait fuir, ma-

» dame, » dit Boniface en se levant d'un air » contrit...

« — Non, monsieur, non, pas du tout. » Adieu, monsieur Roger... à bientôt. »

Roger se lève et reconduit Paola qui lui dit tout bas lorsqu'elle est sur le le carré :

« — Je ne suis pas venue pour poser de- » vant le monde .. vous n'aviez pas besoin » de retenir cet olibrius !..

» — Mais madame...

» — Laissez-moi ! je vous déteste ! »

Et cette dame descend l'escalier, tandis que Roger rentre dans son atelier en riant.

« — Je suis désolé... je suis venu mal à
» propos... je crains d'avoir contrarié cette
» belle dame ! » dit Boniface.

« — Vous êtes venu fort à propos au
» contraire, mon cher monsieur et vous ne
» pouviez me faire un plus grand plaisir !

» — En vérité... je craignais d'avoir mis
» cette dame en fuite...

» — C'est justement de cela que je vous
» suis reconnaissant... j'ai des raisons...
» très-fortes pour ne point désirer de rester en
» tête-à-tête avec cette dame.

» — Tiens! tiens! elle est fort jolie ce-
» pendant cette dame!

» — Oui, oh! je lui rends justice, elle
» est très-bien.

» — Et vous faites son portrait ?

» — Elle l'a désiré... j'ai dû la satis-
» faire.

» — Sa conversation n'est donc pas amu-
» sante ?

» — Elle me parle de choses... que je ne
» veux pas entendre. Enfin je vous le répète,
» votre arrivée m'a fait grand plaisir.

» — Ma foi j'ai manqué de vous

» amener Calvados... cet ami dont je vous ai
» parlé...

» — Ah! ce monsieur qui met sa femme
» à l'épreuve?

» — Justement... Il aime beaucoup les
» artistes, et comme je lui ai dit que j'avais
» le plaisir de vous connaître...

» — Amenez-le... nous ferons connais-
» sance... Mais qui donc avez-vous vu hier
» au spectacle... Sibille ?

» — Non... Oh! celui-là je ne tiens pas
» à le rencontrer... il a une manière si désa-
» gréable de m'amuser...

» — Alors, c'est son cousin que vous
» avez rencontré?

» — Non, c'est monsieur Lucien Barde-
» court.

» — Lucien... Ah! vous l'avez vu... était-
» il seul au spectacle?

» — Non, il était avec une petite femme...
» fort gentille ma foi !

» — Il était avec une femme... et lui
» avez-vous parlé ?

» — Certainement ! il était dans une loge,
» il m'a fait signe... Je suis allé dans la
» loge, j'y suis resté avec eux tout le temps
» du spectacle...

» — Et cette... jeune femme, qui était

» avec lui... elle est fort jolie, n'est-ce
» pas ?

» — Oui... c'est-à-dire elle est gentille...
» ce n'est pas une beauté, mais elle est
» drôlette !

» — C'est une brune... de grands yeux
» bruns... de longs cils... le teint un peu pâle...
» l'air assez réservé...

» — Non... non, oh ! ce n'est pas cela du
» tout ! C'est une blonde... un nez retroussé,

» des yeux bleus, des couleurs vives... et l'air » très-gai, très-éveillé... elle riait pendant » tout le temps qu'on jouait, et pourtant on » donnait un drame fort triste, ce qui même a » été cause qu'on a crié plusieurs fois : » Silence donc ! dans la loge... mais au lieu » de se taire, cette jeune femme riait plus » fort !..

» — Vous m'étonnez... Et cette femme... » Lucien ne l'appelait-il pas Marie ?

» — Non, il l'appelait Cléopâtre... j'en » suis sûr; il lui a dit plusieurs fois :

» — Mais Cléopâtre, si tu fais tant de » bruit on va nous faire sortir.

» Et elle a répondu :

» — Zut! ça m'embête cette pièce-là.

» — Oh! assurément ce monsieur n'était » pas avec Marie! » se dit Roger, « ce n'est » pas elle qui aurait répondu ainsi.

» — Cette demoiselle... ou cette dame

» Cléopâtre, avait aussi une passion pour les
» oranges, reprend Boniface, à chaque en-
» tr'acte elle en envoyait chercher ; j'ai même
» eu l'avantage de lui en acheter une demi-
» douzaine, cela m'a fait l'effet d'une vi-
» veuse. En sortant j'ai entendu qu'elle disait
» à monsieur Lucien :

» — Où me mènes-tu souper ?

» J'ignore ce qu'il lui a répondu, je les ai
» quittés alors.

» — Et vous ne savez pas quand vous » reverrez Lucien ?

» — Ma foi non... Ah ! cependant il m'a» vait dit :

» — Connaissez-vous le Château-des» Fleurs?

» — Non, lui répondis-je.

» — Eh bien, venez-y donc jeudi, j'irai » avec quelques amis, vous ferez danser » Cléopâtre...

» Mais je vous avoue que cela ne me tente
» pas beaucoup de faire danser cette demoi-
» selle... ce doit être une demoiselle... puis-
» qu'elle fait tant de bruit au spectacle,
» qu'est-ce que cela doit donc être dans un
» bal...

» — Alors Lucien sera jeudi prochain au
» Château-des-Fleurs.

» — Oui... est-ce gentil ce château-là ?

» — Fort gentil, c'est tout bonnement un

» jardin dans lequel on fait de la musique,
» on danse... il y a une foule de jeux... »

» — Et le château ?

» — Il n'y a pas de château. Venez-y
» donc jeudi, j'irai, moi.

» — Si vous y allez, cela me décide...
» mais je ne connais pas vos dames à la
» mode...

» — On n'est pas obligé de danser.

» — Et cette demoiselle Cléopâtre que

» monsieur Lucien veut me donner pour
» la danse... Ah ! j'y songe, j'emmènerai
» avec moi Calvados, c'est un danseur lui,
» il me remplacera. »

Monsieur Boniface Triffouille reste encore quelque temps chez Roger, puis il le quitte en lui disant :

» — A jeudi... Ah ! faut-il être en grande
» toilette pour aller à ce château... où il n'y
» a pas de château.

» — Ce n'est pas nécessaire. Allez comme » vous êtes habituellement, vous serez tou- » jours bien.

» — Tant mieux, j'aime mieux cela... » quand il faut être pincé dans un habit noir, » je ne m'amuse plus. »

Le jeune artiste est bien aise de se retrouver seul pour se livrer à son aise à ses pensées.

« — Etre l'heureux amant de Marie ! »

se dit-il, « et déjà la tromper... aller avec
» une autre... Ah ! ce monsieur n'était pas
» digne d'une si charmante conquête !.. mais
» peut-être sont-ils déjà brouillés !.. Oh ! je
» le saurai... je verrai ce Lucien jeudi, je tâ-
» cherai de le faire causer de ses amours, ce
» ne sera pas difficile, il parle continuelle-
» ment de ses bonnes fortunes... et certaine-
» ment il parlera de Marie. »

Roger était depuis longtemps plongé dans

ses réflexions, lorsqu'on entre vivement dans son atelier en chantant, en sautant, et on l'a déjà embrassé plusieurs fois avant qu'il ait eu le temps de voir qui venait chez lui.

C'est Thélénie, la jolie parfumeuse, qui a fait une grande toilette, mis sa robe de soie, un petit chapeau tout frais, des bottines neuves; qui a l'air coquet, radieux, joyeux et s'écrie :

» — Me voilà moi! Ah! on ne m'atten-

» dait pas, mais j'aime à surprendre mon
» monde... Le temps est superbe... j'ai fait
» une jolie toilette, je me suis dit : Mon
» bon ami Roger m'a promis plusieurs fois
» de me mener dîner au bois de Boulogne...
» chez le traiteur qui est dans le châlet, ou
» le châlet qui est chez le traiteur... n'im-
» porte... eh bien! il m'y mènera aujour-
» d'hui... et je me suis dépêchée et je suis
» venue... Ai-je bien fait, monsieur... et vou-

» drez-vous me mener aujourd'hui dîner
» dehors et manger de l'omelette soufflée !..
» Oh ! l'omelette soufflée ! on dit que c'est
» mauvais genre à présent... qu'il n'y a plus
» que le petit bourgeois qui en mange...
» mais je m'en fiche, moi, j'en raffole...
» Eh bien ! voyons... parlez... répondez...
» vous ne dites rien... »

Roger tout étourdi par le flux de paroles

qui bourdonne à ses oreilles, regarde Thélénie et murmure :

« — Tiens ! c'est toi ?

» — Comment si c'est moi ! eh bien !
» vous ne vous en étiez pas encore aperçu...
» et vous vous étiez laissé embrasser sans
» savoir si c'était moi. Et quelle autre se
» permettrait donc de vous embrasser comme
» cela, s'il vous plaît... je voudrais bien le

» savoir... elle recevrait une fameuse danse » celle-là !..

» — Sais-tu que tu es très-gentille ce » matin...

» — Ah ! il me trouve gentille... à la » bonne heure, c'est aimable cela... cela ne » te contrarie pas que je sois venue... tu » veux bien me mener dîner aujourd'hui?

» — Oui, certainement... mais ton mar- » gasin ?

» — Ah! tant pis! j'ai dit que j'étais ma-
» raine... Tu m'achèteras des pralines, je
» leur en donnerai, ils goberont la chose...
» Mon petit chapeau me va bien, n'est-ce
» pas?

» — A ravir... je passe une redingotte et
» je suis à toi...

» — Mets ton gilet de piqué chamois...
» tu sais que j'adore les hommes en gilet
» chamois...

» — Tous ceux qui en portent ?

» — Qu'il est bête !.. eh bien... eh bien...
» qu'est-ce que tu as donc fait de mon por-
» trait... je ne le vois plus...

» — Ton portrait... je t'assure qu'il est
» toujours à sa place...

» — A sa place... »

Thélénie court à son portrait et pousse un cri :

« — Retourné ! mon portrait retourné !..
» qu'est-ce que cela signifie, monsieur ?

» — Comment? ton portrait était re-
» tourné.

» — Faites donc comme si vous ne le
» saviez pas!.. mettre ma figure du côté du
» mur... c'est poli, vous aviez donc peur
» qu'elle ne fut vue... Voyons, monsieur,
» qu'est ce que cela veut dire... pourquoi
» mon portrait était-il retourné... il me
» semble pourtant que ma tête n'est pas si
» désagréable à voir... c'est un affront qu'on
» m'a fait là!..

» — Je t'assure, ma chère amie, que je ne
» sais pas... que j'ignore... d'abord je te jure
» sur l'honneur que ce n'est pas moi qui ai
» retourné ton portrait...

» — Alors c'est un autre... qu'est-ce qui
» est venu aujourd'hui chez vous...

» — Plusieurs personnes... monsieur Bo-
» niface Triffouille... le jeune Sibille...

» — Sibille... oh! il est bien capable d'a-
» voir fait cela... il m'a fait les yeux doux

» et je l'ai envoyé à l'ours... mais si c'est » lui, le singe, je lui tirerai les oreilles. »

Thélénie a remis son portrait en vue. Roger a achevé sa toilette, il court prendre le bras de sa maîtresse en lui disant :

» — Je suis prêt, partons !

» — Partons... C'est égal... mon portrait » retourné !.. Ah ! il faudra bien du cham- » pagne pour me faire oublier cela ! »

CHAPITRE VINGTIÈME

XX

Chez un photographe.

Monsieur Boniface Triffouille s'est dit en sortant de chez Roger :

« — Allons trouver Calvados et sachons

» s'il pourra venir avec moi à ce Château-
» des-Fleurs, car s'il me fallait aller là tout
» seul, je serais gauche, embarrassé, et je
» ne m'amuserais pas. »

En arrivant chez Calvados, Boniface est reçu par son ami lui-même, qui au lieu de le faire entrer dans son salon, le prend par le bras et l'entraîne dehors en lui disant :

« — Viens... viens avec moi... je ne veux
» pas que tu voies ma femme dans ce mo-

» ment... elle est en épreuve, mon cher ami, » et je ne veux pas la déranger...

» — Ta femme est en épreuve! qu'est-ce » que celà signifie ?...

» — Eh! mon Dieu, mon cher Boniface, » cela veut dire que je fais encore une épreuve » de sa vertu, de sa fidélité... Que veux-tu, » l'occasion était si belle que je n'ai pas pu » y résister...

» — Comment Calvados, tu n'en a pas

» fini avec tes épreuves ? Tu as eu déjà plu-
» sieurs fois la certitude que ta femme était
» sage, qu'elle n'écoutait pas les galants...
» et tu recommences à l'éprouver... Tu veux
» donc continuer jusqu'à ce qu'elle ait
» soixante ans ?...

» — Non, mon ami, non cette fois sera la der-
» nière, oh ! j'en ai fait le serment sur ma
» propre tête. Mais, figure-toi qu'un de mes
» neveux, qui est lieutenant dans la ligne,

« vient d'arriver avec son régiment à Paris,
» où le voilà en garnison. Ce jeune officier
» est fort joli garçon, fort aimable... il ne
» pensait pas du tout à ma femme ! mais je
» l'ai pris à part et je lui ai dit en secret :
« Fais la cour à ta jeune tante... ça me
» fera plaisir, tu seras fort mal accueilli,
» j'en suis à peu près sûr d'avance, mais sois
» tranquille, je ferai ta paix avec elle, c'est
» une épreuve que je veux tenter... je veux

» être certain de ne pas être... un cerf...
» eh ! eh ! tu comprends !... » Mon jeune
» gaillard a accepté avec joie ma proposition.
» Oh ! il n'a pas mieux demandé que de
» m'être agréable, et aujourd'hui même je
» lui ai ménagé un tête-à-tête avec Léonore ;
» je suis sorti en prétextant des affaires... et
» voilà pourquoi je ne veux pas que tu ailles
» déranger tout ce que j'ai si bien préparé...
» dans une demi-heure j'irai dans un café où

» j'ai donné rendez-vous à mon neveu, et
» il viendra me rendre compte du résultat de
» sa première déclaration... »

Boniface secoue la tête en disant :

« — Enfin, du moment que cela t'amuse,
» moi je n'ai jamais eu de ces idées-là étant
» marié...

» — Oh ! mais toi tu n'étais pas amou-
» reux de ta femme et jaloux de ton hon-
» neur !...

» — Mon honneur!... ah! ah! je ne
» puis m'empêcher de dire comme le comte
» Almaviva dans *Figaro*: où diable a-t-on
» été le placer...

» — Tiens! tu connais ton *Beaumarchais*,
» toi?...

» — Je le sais par cœur! c'est-à-dire *le*
» *Barbier de Séville* et *le Mariage de Figaro*...
» Je t'abandonne tout le reste. Mais j'étais
» allé chez toi pour te demander si tu voulais

» m'accompagner jeudi au Château-des-Fleurs,
» c'est un endroit que je ne connais pas, je
» ne voudrais pas y aller seul... mais nous
» y trouverons monsieur Roger, ce jeune
» artiste dont je t'ai parlé... Tu as justement
» envie de faire sa connaissance... Tu veux
» probablement lui faire aussi éprouver ta
» femme...

» — Ah! tu te moques de moi, Boniface,

» je te pardonne, mais je ne puis pas aller
» avec toi jeudi...

» — Pourquoi cela ?

» — Parce que pour ce jour-là, j'ai déjà
» préparé une seconde épreuve... J'ai dit à
» ma femme que nous irions à Vincennes
» avec mon neveu... Je les perdrai quelque
» temps dans le bois...

» — Que le diable soit de toi avec

» tes épreuves! ainsi, tu ne veux pas venir
» avec moi jeudi au Château-des-Fleurs?

» — C'est impossible. Au reste, pour
» aller dans un jardin public je ne vois pas
» que tu aies besoin de quelqu'un... mais
» mon neveu est peut-être déjà au café où
» il m'attend, tu comprends que je suis cu-
» rieux de savoir ce qu'il va me dire... au
» revoir, Boniface, à bientôt. »

M. Calvados a quitté son ami, et celui-ci continue son chemin en se disant :

« — Est-il possible qu'un homme d'un » âge mûr passe son temps à de telles niai- » series !... Je conçois qu'on mette à l'épreuve » un pont, une salle de spectacle, un fusil, » un cordage, une échelle... mais sa femme ! » Jamais !... avec tout cela je n'ai personne » pour aller avec moi à ce château... qui est

» un jardin... et je ne sais pas seulement où
» il est situé... »

Comme monsieur Boniface se disait cela, un bras se passe sous le sien, et une voix, qui lui est bien connue, lui dit :

« — Me voilà, moi, vous me faites l'effet
» de chercher quelque chose... Que cherchez-
» vous, mon cher monsieur Boniface, est-ce
» moi, parlez, vous savez que je suis toujours
» prêt à vous piloter, à vous servir de guide,

» enfin à vous être agréable le matin comme
» le soir, la nuit comme le jour...

» — Ah! c'est vous, monsieur Sibille
» Peloton! non, oh non! je ne vous cher-
» chais pas! je ne vous avais pas revu depuis
» notre partie en calèche... Je m'en souviens,
» de cette partie-là... si je n'ai pas été brisé
» ce n'est pas votre faute...

» — Quoi! vous pensez encore à cela...

» ce n'est pas ma faute, si des chevaux s'em-
» portent !...

» — Et cette pauvre demoiselle Edelmone!
» je l'ai rencontrée ! elle a encore l'œil tout
» noir...

» — Ça ne lui va pas mal... ça change
» sa physionomie !... convenez du reste que
» nous nous amusions bien et sans l'évènement
» de la calèche, quelle ravissante journée. Ani-
» sette me parle bien souvent de vous... elle

» me dit : Quand donc me referez-vous dîner
» avec ce monsieur si aimable qui a nom
» Boniface... et qui en a une si bonne, de
» face !... c'est un jeu de mot...

» — Vraiment cette demoiselle vous a
» parlé de moi ?

» — Elle ne fait que cela... c'est au point
» même qu'elle a fait une chanson sur vous,
» elle est pleine d'esprit, cette petite...

» — Je serais bien curieux de la con-
» naître, sa chanson...

» — C'est sur l'air : *Turlurette !*

» — Justement je connais cet air-là...
» Vous ne savez pas par cœur quelque cou-
» plet ?...

» — J'en savais... ça va me revenir tout-
» à-l'heure ! Mais que cherchiez-vous donc
» par ici... Ah ! je le devine... un photo-
» graphe...

» — Un photographe ?... pourquoi
» faire ?...

» — Parbleu ! pour faire faire votre
» portrait sur une carte...

» — Ah ! de ces petits portraits... comme
» j'en ai vu beaucoup... C'est donc la
» mode ?

» — C'est-à-dire, mon cher monsieur,
» qu'un homme qui se respecte, ne peut plus
» sortir de chez lui s'il n'a pas son portrait-

» carte dans sa poche... d'abord c'est de la
» plus grande utilité.

» — Utilité ? et en quoi, s'il vous plaît ?

» — En quoi ? vous allez le comprendre
» tout de suite : Vous sortez de chez vous,
» en chemin vous êtes écrasé par une voi-
» ture. Entièrement défiguré ! on ne vous
» reconnaît plus !... on vous fouille, on trouve
» sur vous votre portrait... on vous recon-
» naît et on vous porte chez vous...

» — On vous reconnaît... quand il y a là » des gens de votre connaissance !...

» — Il y en a toujours dans la foule. » Autre exemple d'utilité : Vous vous trouvez » dans un rassemblement... Quelqu'un a été » volé de sa montre ou de sa bourse... on » vous arrête avec plusieurs autres... vous » avez beau dire qui vous êtes, on commence » par vous mener au corps-de-garde... mais » vous envoyez votre carte-portrait chez

» plusieurs marchands, vos fournisseurs ha-
» bituels... ils vous reconnaissent, ils s'em-
» pressent de venir vous réclamer... Hein ?
» que dites-vous de cela ?

» — Je dis que j'aime mieux ne pas me
» fourrer dans un rassemblement...

» — Mais, c'est surtout pour les intrigues
» galantes près des femmes, que ces petits
» portraits-cartes sont d'un grand secours...
» c'est extraordinaire, le nombre de con-

» quêtes que, grâce à eux, on parvient à
» faire...

» — Ah! diable... vous croyez... et par
» quel moyen?

» — Il y en a mille. Vous voyez dans un
» magasin, dans une boutique, une femme
» qui vous plaît, vous lui écrivez une décla-
» ration brûlante que vous lui envoyez en
» y joignant votre portrait... alors elle voit à
» qui elle a affaire, et elle vous répond... ou

» elle ne vous répond pas. Autre exemple :
» Vous envoyez un bouquet à une actrice en
» lui disant : « Je serai ce soir au balcon
« pour vous claquer. » Vous joignez votre
» portrait au bouquet, et dès que l'actrice
» entre en scène elle vous reconnaît et vous
» sourit... ou ne vous sourit pas ! mais enfin
» elle vous reconnaît et dit à ses camarades :
« Voyez-vous ce monsieur qui est au balcon,
« là-bas... eh bien, il m'a envoyé un bou-

« quet ce matin... hein! c'est gentil, ça!,..

» — C'est assez gentil...

» — Et les grisettes... les fillettes.. les » lorettes... la première chose qu'elles vous » demandent, c'est votre portrait, pour placer dans de petits livres faits exprès pour » en mettre des collections...

» — Vous me donnez presque envie de » me faire tirer...

» — C'est-à-dire que nous allons tout de

» suite nous rendre chez un photographe...

» j'irai avec vous, je ne vous quitterai pas...

» Quand je rends un service, je ne le fais pas

» à demi...

» — Oh! y aller tout de suite!

» — Mais il le faut... vous ne pouvez pas

» vivre à Paris sans votre portrait-carte...

» c'est une lacune dans votre existence, il

» faut la combler.

» — C'est bien ennuyant de poser...

» — Poser ? mais on ne pose pas... c'est-
» à-dire qu'on pose à peine... le temps d'é-
» ternuer et c'est fait... D'ailleurs je poserai
» pour vous...

» — Comment... vous poserez pour moi...
» pour mon portrait ?...

» — C'est une façon de parler. Je veux
» dire que je vous montrerai comment on
» pose... et le peu de temps qu'il faut pour
» que cela soit terminé... je vous ferai dès

» poses charmantes... et vous choisirez ;
» vous direz : Je veux être comme cela...

» — Vous ne vous rappelez pas cette
» chanson ?...

» — Ça va me revenir chez le photogra-
» phe... attendez... attendez... ah ! cela com-
» mence ainsi :

» Tous les hommes ont des yeux,
» Un nez, des dents, des cheveux.

» C'est le commencement du premier couplet, » la fin va revenir...

» — Le commencement est déjà très-bien, » dites-moi donc, jeune Bibille... vous de» vez connaître le Château-des-Fleurs ?

» — Si je le connais ? comme si je l'avais » fait, pourquoi ?...

» — Monsieur Roger doit s'y trouver » jeudi et monsieur Lucien aussi. J'ai pres-

» que promis de m'y rendre... mais je ne
» voudrais pas y aller seul...

» — Eh bien, est-ce que je ne suis pas là,
» moi, toujours prêt à vous être agréable...
» J'irai vous prendre pour dîner, et de là, je
» vous pilote au Château-des-Fleurs. Mais
» avant tout, il faut vous faire photogra-
» phier...

» — Vous croyez que c'est nécessaire ?

» — C'est indispensable. Venez...

» Venez de ce côté.... il y a un photo-
» graphe sur le boulevard ici près...

» — Un bon ?

» — Pas mauvais... après cela, si vous
» voulez aller chez les fameux.. mais ce sera
» plus cher... avez-vous vu des photogra-
» phies des frères Bisson ? Ah ! c'est cela
» qui est beau, qui est magnifique... Vous

» rendre les gravures les plus parfaites au
» point que vous ne pouvez plus distinguer
» la gravure de la photographie... monter
» jusqu'au sommet du Mont-Blanc pour y
» prendre sur le fait les tableaux les plus
» majestueux, les plus grandioses que puisse
» nous offrir la nature, voilà ce qu'ils ont
» fait ! Quand la photographie est poussée à
» ce point, ce n'est plus une imitation, c'est
» une création !

» — Oh ! je me contenterai d'être fait par
» le premier photographe venu ; je ne suis
» pas une célébrité, moi... et puis je ne veux
» pas mettre beaucoup d'argent à mon por-
» trait...

» — Alors, entrons ici... Voici un tableau
» qui nous indique que dans cette maison
» nous trouverons notre affaire... suivez-moi
» je vous pilote.

» — Tâchez donc de vous rappeler la
» chanson...

» — Elle me reviendra en vous montrant
» des poses... »

On arrive chez le photographe. Ces messieurs sont introduits dans un salon d'attente où il y a déjà du monde. Mais pour que son compagnon ne s'ennuie pas, Sibille se met à lui fredonner dans l'oreille :

» Tous les hommes ont des yeux, »
» Un nez, des dents, des cheveux...

« — Je sais ce commencement-là...
» après ?

» — Après... attendez que je cherche...
» des dents... des cheveux... ah! j'y suis...

» Tous les hommes ont des yeux,
» Un nez, des dents, des cheveux...

» — Mais c'est toujours la même chose !

» — Chut ! attendez...

» Mais qui sourit sans grimace
» Boniface, (bis)
» Monsieur Boniface !

» — Ah ! c'est fort gentil, cela... Il y a
» d'autres couplets ?

» — Je crois bien !... il y en a qua-
» torze...

» — Tâchez de vous souvenir de quelques
» autres...

» — Ça me reviendra... Apprenez tou-
» jours celui-là par cœur. .

» — Oh ! je le sais déjà...

» — Diable !... quelle mémoire vous
» avez... »

On vient avertir ces messieurs qu'ils peuvent passer dans le sanctuaire de l'artiste. Sibille s'empresse de parler au photographe, et lui dit quelques mots à l'oreille pendant que monsieur Triffouille regarde des portraits des tableaux et visite un petit livre qui ne contient que des cartes-portraits. Enfin Sibille dit tout haut :

« — Voilà mon ami intime qui désire se
» faire portraiter, mais auparavant, si vous
» le voulez bien, je vais lui montrer comment
» on pose... pour lui donner une idée de la
» chose... Asseyez-vous, Boniface, et regar-
» dez-moi... vous choisirez ensuite celle de
» mes poses que vous voudrez prendre... et

» vous verrez combien cela dure peu de
» temps... monsieur va braquer son instru-
» ment devant moi, absolument comme s'il
» me photographiait. »

Le confiant Boniface va s'asseoir dans un fauteuil, d'où il regarde attentivement le jeune négociant qui pose pour son portrait-carte. Puis qui, lorsqu'il a posé debout, pose assis ; puis pose de profil, puis de trois quarts, et cela dure assez longtemps, quoique M. Triffouille lui dise :

» — J'en ai assez vu... Je ne ferai jamais » tant de poses que cela... une me suffit... » ne m'en montrez pas davantage. »

Sibille s'étant fait tirer sous quatre poses différentes, cède enfin la place à son compagnon, en lui disant :

« — Vous voyez ce que c'est... maintenant laissez monsieur vous poser... et surtout faites un air gracieux...

» — Si c'est monsieur qui me pose, ce » n'était pas la peine que vous me montrassiez vos poses... enfin, commençons... »

Le photographe fait placer Boniface et lui appuie la tête contre le petit cercle de fer qui empêche qu'on ne la remue. Mais ce petit morceau de fer gêne notre provincial qui s'écrie :

« — Monsieur, pourquoi me mettez-vous
» cela derrière la tête ?

» — Monsieur, c'est pour vous la main-
» tenir, pour que vous ne puissiez pas la re-
» jeter en arrière.

» — Mais cela me gêne beaucoup, cela
» m'agace, cela me fait faire la grimace, je

» vous en prie, ôtez-moi cela, et je vous pro-
» mets que je ne remuerai pas.

» — Oh ! monsieur, il m'est impossible de
» vous accorder cela... malgré vous votre tête
» ferait un mouvement et le portrait serait
» manqué...

» — Allons, monsieur, puisqu'il le faut...
» mais je vous assure que ce petit morceau
» de fer que l'on sent derrière sa tête, nuit
» beaucoup à l'expression agréable ou même
» habituelle que l'on pourrait donner à sa
» physionomie...

» — Mon ami Boniface, pensez à Edel-
» mone... cela vous donnera un air séduc-
» teur...

» — Oh! non, je ne veux pas penser à
» cette demoiselle, au contraire... elle boitait
» déjà, son œil en compotte ne l'embellit
» pas...

» — Ah! j'avais oublié cette circonstance,
» alors pensez à Anisette...

» — J'aime mieux cela...

» — Laissez-moi vous donner une jolie
» pose... à mon idée.

» — Puisque monsieur m'a placé...

» — Vous pouvez encore changer ce n'est
» pas commencé... Tenez, comme cela...
» Ah ! vous êtes très-bien ainsi, pose superbe.
» Vous avez quelque chose de Coriolan !...

» — Ne bougez pas, monsieur, nous com-
» mençons... »

BIBLIOTHÈQUE IMPÉRIALE IMPR.

FIN DU TROISIÈME VOLUME

TABLE

DES CHAPITRES DU TROISIÈME VOLUME

Wassy. — Imp. Mougin-Dallemagne.

NOUVEAUTÉS EN LECTURE
DANS TOUS LES CABINETS LITTÉRAIRES.

Les Demoiselles de Magasin, par CH. PAUL DE KOCK, 6
Les Métamorphoses du Crime, par X. DE MONTÉPIN, 6
Coquelicot, par le vicomte PONSON DU TERRAIL, 4 vol. in-8.
Le Mendiant de Tolède, par MOLÉ-GENTILHOMME et C GUÉROULT, 4 vol. in-8.
Les Buveurs d'absinthe, par Henry de KOCK. 6 vol. in-
Les Chevaliers de l'As de Pique, par A. BLANQUET. 4
Les Bohêmes de Paris, par P. DU TERRAIL, 7 v. in-8.
Crochetout le Corsaire, roman maritime par E. CAPENDU,
Un crime mystérieux, par la Comtesse DASH, 3 vol. in-8.
Les Bateleurs de Paris, par Clémence ROBERT, 3 vol. in
L'Oiseau du Désert, par Elie BERTHET, 5 vol. in 8.
Ecoliers et Bandits, par EDOUARD DEVICQUE, 4 vol. in-8
Les trois Hommes noirs, par LUC-CHARDALL, 4 vol. in
Le Trou de Satan, par PONSON DU TERRAIL, 3 v. in-8.
La Famille de Marsal, par Alexandre de LAVERGNE, 7
Les Compagnons de la Torche, par X. DE MONTÉPIN, 5
Le Chevalier de la Renaudie, par EDOUARD DEVICQUE, 5
Les Démons de la Mer, par HENRY DE KOCK, 6 vol. in-8
La Belle Antonia, par PONSON DU TERRAIL, 3 vol. in-8.
Alain de Tinteniac, par THÉODORE ANNE, 3 vol. in-8.
Le Gentilhomme Verrier, par ELIE BERTHET, 6 vol. in
La Filleule d'Arlequin, par MAXIMILIEN PERRIN, 2 vol.
Noélie, par EUGÈNE SCRIBE, 4 vol. in-8.
Les Chevaliers du clair de lune, par PONSON DU TERRAI
Amaury le Vengeur, par PONSON DU TERRAIL, 7 vol. in-8
L'Homme rouge, par Ernest CAPENDU, 5 vol. in-8.
L'Ame et l'ombre d'un Navire, par G. de LA LANDE
La Sorcière du roi, par la comtesse DASH. 5 vol. in-8.
Les Sabotiers de la Forêt noire, par E. GONZALÈS. 3 v
Le Nain du Diable, par la comtesse DASH. 4 vol. in-8.
Le Ménage Lambert, par A. de GONDRECOURT. 2 vol. in-8
Fleurette la Bouquetière, par EUGÈNE SCRIBE. 6 vol. in
Le Parc aux Biches, par XAVIER DE MONTÉPIN. 7 vol. in-
La Maitresse du Proscrit, par Emmanuel GONZALÈS. 4 v
Les Etudiants de Heidelberg, histoire du siècle de Lou par le vicomte PONSON DU TERRAIL. 7 vol. in-8.
Les Mystères de la Conscience, par ETIENNE ENAULT. 4 v
Les Gandins, par le vicomte PONSON DU TERRAIL. 6 vol. in
L'Homme des Bois, par ELIE BERTHET. 6 vol. in-8.
Les trois Fiancées, par Emmanuel GONZALÈS. 3 vol. in-8.
La Tigresse des Flandres, par CONSTANT GUÉROULT. 3 v
Daniel le laboureur, par Clémence ROBERT. 4 vol. in-8.
Les grands danseurs du roi, par Ch. RABOU. 3 vol. in-8
L'Amour au bivouac, par A. DE GONDRECOURT. 5 vol. in-
Les Princes de Maquenoise, par H. de SAINT-GEORGES. 6
Le Cordonnier de la rue de la Lune, par Th. ANNE. 4
Le Roi des gueux, par Paul FÉVAL. 6 vol. in-8.

Pour la suite des Nouveautés, demander le Catalogue général qui se distribu

WASSY. — IMPRIMERIE DE MOUGIN-DALLEMAGNE.

www.ingramcontent.com/pod-product-compliance
Lightning Source LLC
LaVergne TN
LVHW020618110826
845149LV00002B/512

* 9 7 8 2 0 1 9 2 2 5 9 7 1 *